技術者の仕事の基本
問題解決力
本当の問題発見と問題解決がわかる

鈴木洋司［著］

日科技連

まえがき

　技術者の仕事とは何でしょうか。新しい商品のデザインを考えること、求められている機能を実現するための機構や構造を設計すること、必要な部品をつくるための図面を描くことなど、様々な仕事が考えられます。技術者はこのような仕事を通じてお客様に満足していただける商品をつくるべく、技術者としての高いレベルの固有技術を身につける努力を日々行っているのだと思います。

　しかし、このような高いレベルの固有技術を身につけるだけで、本当にお客様に満足していただける商品をつくることができるのでしょうか。お客様の満足を得るためには、お客様が抱えている諸問題を認識し、解決することが必要なのです。しかも、顕在化して今現在実際に困っている問題だけでなく、お客様自身が気づいていないような、潜在化している問題についても解決してゆくことが必要なのです。

　このように考えてみると、技術者として高いレベルの固有技術をもつことは当然のこととして、お客様の問題を解決するための問題解決力を身につける努力も大切です。本書の中で改めて詳しく説明しますが、「問題はあるべき姿と現状とのギャップ」という考え方を通じて、お客様の問題を認識して課題を設定し、設定した課題を確実に解決してゆくことを通じてお客様の問題を解決してゆくことが、技術者に求められているのです。

　このような問題解決に取り組むためには、QC七つ道具をはじめとした一連のQC手法に関する活用方法を習得するだけでは十分ではなく、問題解決に取り組む際に必要となる仕事の進め方や考え方を身につけることが重要となります。問題解決に関する教育に取り組んでも実務にうまく結びつかない、といった声を良く耳にしますが、QC七つ道具をはじめとした一連のQC手法を実務で実践するためには、問題意識を醸成したり、考えていることをビジュアルに

まえがき

表現したり、グループワークの中でコミュニケーション力やリーダーシップ力を発揮したり、自分の考えを関係者へ適確に伝えたり、といった実務能力を総合的に高めてゆくことが必要なのです。

本書では、問題解決力を総合実務能力として捉えることで、これらの実務能力を自ら高めるために必要なことを解説しました。本書で説明した内容は著者が研修を通じて2007年より実際に社内で教育し始めたもので、研修後に実務で実践されているものです。入社時に1カ月以上にわたる新人研修を通じて本書の内容を教育された新人が、その後3年ほどの実務経験を積んだ結果、「この新人研修を受講していない諸先輩より高い問題解決力を発揮している」との評判を得るほどに成長しています。問題解決力を総合実務能力と捉えて教育してきたことが、現場実務で実際に効果を上げてきています。

本書は技術者向けのような書名になってはいますが、技術者以外の幅広い職種の方々にも十分理解できるような内容になっています。本書を多くの方々の問題解決に役立てていただけると幸いです。

2012年4月

鈴 木 洋 司

技術者の仕事の基本 問題解決力
目　　次

まえがき ··· iii

第 1 章　問題解決について考える ································· 1
　1.1　はじめに　1
　1.2　なぜ問題解決力なのか　3
　1.3　企業活動の変化　5
　1.4　社員に求められる要件の変化　8
　1.5　求められる能力の変化　12
　1.6　問題解決の実践に必要なスキル　16
　1.7　問題解決のフレームワーク　19
　1.8　問題処理型と問題解決型　22

第 2 章　問題解決フレームワークで考える ················ 27
　2.1　問題解決フレームワークの活用　27
　2.2　メンテナンス型の問題解決パターン　33
　2.3　クリエイティブ型の問題解決パターン　37

第 3 章　問題を発見する ·· 41
　3.1　問題とは何か　41
　3.2　問題に気づく　43
　3.3　問題に取り組む時のポイント　49
　3.4　問題発生の基本パターン　52
　3.5　良い子と悪い子を層別して比較する　56
　3.6　環境与件を認識する　63

目　次

3.7　あるべき姿を想像する　69
3.8　問題解決フレームワークで問題を発見・定義する　72
3.9　論理的に考える　74
3.10　過去・現在・将来の問題　81
3.11　数値データで現状を見える化する　85

第4章　課題を設定する　93
4.1　問題解決フレームワークで課題を設定する　93
4.2　課題の取組み施策を論理的に展開する　97
4.3　ロジックツリーで課題や問題を体系的に整理する　101
4.4　問題解決ストーリーを構成する　104
4.5　問題解決ヒストリーをまとめる　109

第5章　課題を解決する　115
5.1　なぜなぜを展開する　115
5.2　特性要因図で要因を検証する　121
5.3　QC七つ道具活用のポイント　125

第6章　結果を共有する　137
6.1　分かりやすいドキュメントをつくる　137
6.2　図表イメージで表現する　143
6.3　改善報告書のストーリーをつくる　146
6.4　改善報告書を作成する　152
6.5　改善事例を説明する　154

第7章　より良いグループワークを実践する　159
7.1　より良いコミュニケーションを実施する　160
7.2　より良いリーダーシップを発揮する　168

7.3 想像力を発揮する　*174*
7.4 知恵を伝承する　*179*
7.5 関係者の利き脳に配慮する　*181*

あとがき　………………………………………………………………　*185*
参考文献　………………………………………………………………　*193*
索　　引　………………………………………………………………　*195*

第1章

問題解決について考える

1.1 はじめに

❖問題解決の経験

　私たちはこれまでの人生経験の中で、その時々には特に意識してはいなかったかも知れませんが、既に様々な問題解決を経験してきていると思います。例えば、小学校のホームルームで、掃除当番の人に教室をきちんと掃除してもらうにはどうしたら良いかといったようなことを、クラス全員で議論した経験があると思います。また、学生時代の進学期にはどのような高校や大学に進学するのか、就職期にはどのような会社に入ってどのような仕事をするのか、といった人生の進路について色々と悩んだ経験があると思います。特に進学期などでは、志望校の合格圏偏差値と自分の現状偏差値とを比べて合否可能性を考えたと思います。そして、不足している科目の偏差値を上げるために、これからどのように受験勉強に取り組んでいったら良いのか、ということを考えてきた経験があると思います。

　こうした経験の大半は問題解決に関する経験であるといっても過言ではなく、このように考えてみると、どうやら私たちは、これまでに無意識のうちに多く

第 1 章　問題解決について考える

の問題解決を既に経験してきている、と考えて良さそうです。しかし、本当にそうなのでしょうか。

❖無意識な問題解決

　私たちがいまここで考えるべきことは、冒頭に述べた「その時々には特に意識してはいなかったかも知れませんが」ということです。その時々において、取り組むべき問題、解決すべき課題、達成すべき目標、実現すべき時期、そして実行すべき手段、といったようなことがどれだけ強烈に意識されていたのでしょうか。

　特に、自分のプライベートな問題ではこのようなことが比較的曖昧となりがちで、結局はできた結果がすべての、いわゆる結果オーライ的な取組みで事が終わってしまうのがふつうです。このようなことが、無意識に問題解決に取り組んだ、ということなのです。でも、自分のプライベートな問題であるなら、事の結果はすべて自分が責任をとることになるので、これはこれで良いのかも知れません。でも、このような経験をいくら重ねてきたとしても、自らの問題解決力はそれほど向上しません。

❖意識した問題解決

　私たちが会社で仕事を通じて取り組む問題解決が、無意識であっては困ります。問題解決に取り組むその時々において、取り組むべき問題、解決すべき課題、達成すべき目標、実現すべき時期、そして実行すべき手段などを強烈に意識しなければなりません。会社の仕事では、常に意識して問題解決に取り組む姿勢が求められるのです。

　常に意識して問題解決に取り組んでいるのと、無意識で漫然と取り組んでいるのとでは、その取組みの結果自体だけでなく、この取組み経験から得られる知見に大きな差が出てきます。つまり、意識しないで取り組んだ問題解決経験からは、良くも悪しくも自らを成長させてゆくような貴重な教訓は得難いのです。このような教訓は、意識した問題解決経験を重ねることで得ることができ

ます。仕事を通じて常に意識した問題解決に取り組んでゆけるように、問題解決力を仕事をするために必要な総合実務能力として捉えて、関連する諸スキルを体系的に習得することが必要です。本書を通じて、このことについて一緒に学んでゆきましょう。

1.2　なぜ問題解決力なのか

❖問題解決ブーム

　今まさに問題解決ブームといって良いほど、街角の本屋さんの書棚には問題解決に関する書籍が数多く並べられています。小学生向けに問題解決のことを教える本が出版されているほどです。新聞やテレビといったメディアで、問題解決のことが取り上げられることも多くなってきています。激変している経営環境に適確な対応ができずに倒産する企業が後を絶たないのは、企業というレベルで十分問題解決に取り組めていなかったからなのかも知れません。今の政治が混沌とした状況に陥っているのも、政治というレベルで十分問題解決に取り組めていないからなのかも知れません。社員の問題解決力の育成強化に力を注ぐ企業も増えてきています。

❖市場環境の変化

　なぜ、このように問題解決力が必要とされるようになってきたのでしょうか。その理由として考えられることは、近年における日本国内の市場の変化が考えられます。かつて、バブル経済とよばれるほどに日本が高度経済成長していた時期がありましたが、日本はその時、"JAPAN as No.1"と世界中からもてはやされていました。日本は本当に米国を追い越すのではないか、と真しやかに語られていた時期がありました。その時代に大金持ちになった日本は、米国の伝統的な建物や企業を買い占めて、米国を始めとした欧米諸国からひんしゅくを買ったこともありました。しかし、その後に日本を取り巻く環境が一変しま

した。経済環境や人口情勢を始めとした様々な理由で、日本では高度経済成長時代から低経済成長時代への移行が徐々に始まったのです。これによって、企業を取り巻く環境が大きく変化してしまいました。市場環境が変化するということは、市場を対象にして活動している企業にとってみれば、市場もしくは市場のお客様から求められるものが変化する、ということです。しかし、日本の多くの企業においては過去の成功体験があまりにも大きかったことから、この市場の変化をすばやく、かつ敏感に感じ取ることができずに、より適切な方向に舵を切ることに手間取ってしまいました。いわゆる"茹で蛙"状態に陥っていたのです。

❖プロダクトアウト志向でもよかった時代

では、日本が市場の変化にすばやく対応できずに、相変わらず悪しき成功体験に浸っている間に、市場はどのように変わってしまったのでしょうか。

高度経済成長下の日本の強みを一言でいうと、持ち前の高いモノづくり技術や品質管理技術をベースにして、品質が高い製品をどの国よりも安く効率的、かつ大量につくることができる、ということだったと思います。日本製品は品質が高くてトラブルが起きにくく、しかも価格が安いという評判を世界中で独り占めしていました。しかも世界中の国々がこの日本のレベルになかなか追いつくことができませんでした。モノがまだ市場に十分にゆき渡っておらず、市場が未だ多くのモノを欲している状態が続く限り、このような強みを活かしてモノをつくって市場にどんどん提供していれば、企業活動は順風満帆に進めてゆくことができます。このような時には企業側の論理で製品をつくっていても、いわゆるプロダクトアウト志向で製品を市場に送り出していても、市場は製品を受け入れてくれていました。

❖マーケットイン志向でいくには問題解決力が必要

しかし、このような状態が長らく続いたことで市場が徐々に豊かになり、欲しいモノが市場に一通りゆき渡ってしまうと、これまでと同じような考え方で

商品をつくり続けていても市場は既に飽和状態となってしまっているので、市場はそれ以上モノを受け入れてくれなくなったのです。したがって、このような状態から脱却するには、これまでのように企業側の論理で商品をつくるのではなく、市場の論理で商品をつくって市場に送り出すことが必要となります。市場の論理とは、言い方を変えれば市場に存在するお客様の論理のことです。お客様が対価としてお金を支払ってもよいと思っているモノやコトを十分に理解して、それらを満足する製品やサービスを具現化して提供してゆくことが必要となります。このためには、お客様が問題と考えていることを認識し、その問題を解決するための課題を認識したうえで、その課題を解決してゆくことが必要となります。いわゆるマーケットイン志向で商品を市場に送り出すことが必要となりますが、このベースとして求められている能力が問題解決力なのです。

1.3　企業活動の変化

❖どのように変化してきているのか

　企業は外からの力を受けて企業活動を変化させてゆかねばなりませんが、この企業活動にいまどのような変化が迫られているのかについて、考えてみましょう。図表1.1には企業活動が近年どのように変化してきているのかが示されています。これをもとにして「従来、求められてきたこと」と「いま求められているもの」とについて、比較してみましょう。
　「モノの価値」と「知恵の価値」との違いでは、これまでは何らかの価値があればモノをお客様に購入していただけましたが、いまは実際に使って役立ちそうな知恵や工夫がモノに感じられなければ、お客様に購入していただきにくくなっています。
　「量」と「質」との違いでは、これまではモノを大量につくって量産効果でより安く提供していればお客様に購入していただけましたが、いまは他の人に

第1章　問題解決について考える

図表 1.1　企業活動の変化

企業の外からの力……企業活動の変化

従来、求められてきたもの	いま求められているもの
モノの価値	知恵の価値
量	質
効用	ビジョン
戦略志向	顧客満足志向
業績成長	社会との共存
従来と同じ価値観で同じ仕事をしていれば良かった	今後は異なる価値観で新たな仕事をしなければならない

はない自分だけしか持っていないモノや、人手やこだわりを加えて出来栄えが極めて良いモノでなければ、お客様に購入していただきにくくなっています。

「効用」と「ビジョン」との違いでは、これまでは何らかの役に立てばお客様にモノを購入していただけましたが、いまはモノにつくる側の思いがこもっていて、これによって家庭生活や社会環境が変わりそうだと思えるようなモノでなければ、お客様に購入していただきにくくなっています。

「戦略志向」と「顧客満足志向」との違いでは、これまでは企業主体の考え方でモノをつくって提供していれば企業として存続してゆけましたが、いまはお客様主体の考え方にもとづいて、お客様の満足やお客様が必要とすることを実現するようなモノをつくって提供してゆかなければ、企業として存続しにくくなっています。

「業績成長」と「社会との共存」との違いでは、これまでは売上や利益といった業績の成長度合で企業の良否が判断されていましたが、いまは社会的責任をきちんと果たして将来も安定的に存続し得る企業と評価されなければ、社会に受け入れられる企業になりにくくなっています。

❖いま求められていること

　このように考えてみると、従来は「これまでと同じ価値観で同じ仕事をしていれば良かった」けれども、いまは「これまでとは異なる価値観で新たな仕事をしなければならない」という状態に変化してきているといえます。昨日の仕事を今日、今日の仕事を明日へと次々につなげてゆく時に、より質が高く、より効率的に仕事を実施してゆくという考え方は当然のことです。しかし今後は、このような考え方に加えて、より価値が高い新たな仕事を、より先取りした形で創造的に実施してゆく、という考え方が求められています。この考え方にもとづいて、企業活動を変えてゆくことが求められているのです。

　こうした考え方で仕事を進めていくうえでのベースとなるものが、「問題解決力」なのです。これまでの考え方では対症療法的な業務改善力で十分に事足りていたことから、問題解決力がそれほど決定的な要素として考えられてはいませんでした。ところが、いま求められている考え方に対応するとなると、これまでの対症療法的な業務改善力は当然のこととして、問題解決力を高めることが決定的な要素となってきたのです。

　いま市場から求められているものは何か。すなわち、いま問題とすべきことは何か、ということを企業レベルで認識することが必要なのです。そして、その認識した問題に対して、企業としてどのような取組みを通じて解決してゆくのか、ということをとことん考え抜くことが必要なのです。このためには、企業レベルで問題解決活動が実践できなければなりません。ということは、このような企業で働いている社員一人ひとりに対しても、当然のことのように問題解決力が求められるのです。

1.4 社員に求められる要件の変化

❖どのように変化してきているのか

　企業は外からの力を受けて、内からの力である社員に求める要件を変化させてゆかねばなりませんが、この要件にいまどのような変化が迫られているのかについて考えてみましょう。**図表1.2**には社員に求められる要件が近年どのように変化してきているのかが示されていますが、これをもとにして「従来、求められてきたこと」と「いま求められているもの」とについて、比較を行ってみます。

　「集団的」と「個別的」との違いでは、従来は組織集団の中の良き一員として仕事に取り組むことが大切であるとされていましたが、いまは組織集団のために自分の強みや特徴を活かして仕事に取り組むことが必要になっています。

　「共通性」と「異質性」との違いでは、これまでは周囲のメンバーと同じ考え方で仕事に取り組むことが大切であるとされていましたが、いまは周囲のメ

図表1.2　社員に求められる要件の変化

企業の内からの力……社員に求められる要件の変化

従来、求められてきたもの	いま求められているもの
集団的	個別的
共通性	異質性
均一性	多様性
効率	創造
ピラミッド集団	ネットワーク人脈
従来は組織にうまく順応できる人が求められてきた	今後は組織をうまく変革できる人が求められている

ンバーとはむしろ異なった視点をもって仕事に取り組むことが必要となっています。

「均一性」と「多様性」との違いでは、従来は同じような人たちが集まって同じような考え方で仕事に取り組むことが大切であるとされていましたが、いまは自分と違う様々な考え方をもった人たちと前向きな意見を戦わせながら仕事に取り組むことが必要となっています。

「効率」と「創造」との違いでは、従来は現在取り組んでいる仕事をより良い形にメンテナンスしてゆくことで対応できていましたが、いまは現在取り組んでいる仕事を本来あるべき姿へ向けて創造し、変革してゆくことが必要となっています。

「ピラミッド集団」と「ネットワーク人脈」との違いでは、これまでは所属組織の一構成員として位置づけられた役割に忠実であることが大切であるとされていましたが、いまは所属組織を超えた他組織や他社・他業種との人脈を通じて多様な価値観を自分の業務や所属組織に持ち込むことが必要となっています。

❖ いま求められている社員像

このように考えてみると、従来は「組織にうまく順応できる人が求められてきた」が、いまは「組織をうまく変革できる人が求められている」という状態に変化してきているといえます。企業は多くの人たちが働く大きな組織体なので、組織としての規律を守りつつ、そこで働く多くの人たちとより良い関係性を保ちながら、秩序を乱すことなく働くことができる社員であることが、当然のこととして求められます。しかし今後は、このような良き社員であることに加えて、自分が所属している組織体、さらには会社全体を、より良い形に変革してゆける社員であることが求められているのです。すなわち、組織の中で良き一員として振る舞うだけでなく、自らの手で組織や会社をより良い形に変えてゆくことが求められているのです。

これを実現するためのベースとして必要とされる能力も、やはり「問題解決

第1章　問題解決について考える

力」なのです。これまでの社員は会社や上司からの指示・命令に対して迅速、かつ適確な対応を行うことで十分に事足りていたことから、問題解決力がそれほど決定的な要素として考えられてはいませんでした。ところが、いま求められている社員像に対応するとなると、これまでの迅速、かつ適確な対応だけでは不十分で、問題解決力を高めることが決定的な要素となってきたのです。

いま仕事で求められているものは何か。すなわち、いま問題とすべきことは何か、ということをお客様の視点で認識することが必要なのです。そして、その認識した問題に対して、一社員としてどのような取組みを通じて解決してゆくのか、ということをとことん考え抜くことが必要なのです。このためには、仕事レベルで問題解決活動が実践できなければなりません。ということは、当然のことのように問題解決力が求められるのです。

❖いま求められる社員像の例――あるゴルフ場のキャディの話

決して交通のアクセスが良いとはいえないとある郊外に、非常にリピート率が高くてなかなか予約ができないゴルフ場があるそうです。他のゴルフ場と同じように、そのゴルフ場においても、ゴルファーのラウンド回りをサポートするキャディさんを大勢雇用していますが、そのキャディさんたちのほとんどがパート社員として働いています。

私はキャディの仕事の内容についてはほとんど予備知識がないのですが、テレビ中継などで見たところでは、ゴルフバッグを担いで運んだり、打球の行方を追ったり、時にはゴルファーの相談相手になることもあるようです。これがキャディの一般的な仕事の内容だとしたら、キャディはこの仕事をゴルファーの機嫌を損ねないようなマナーを保ったうえで、確実かつ適確に実行すれば良いわけです。

このゴルフ場のキャディさんたちがこの程度の仕事をしているだけなら、どこにでもあるゴルフ場のキャディと大差がないので、リピート率が非常に高くなるとは思えません。では、リピート率が非常に高い理由は一体何なのでしょうか。実は、キャディさんたちがキャディとしての仕事を終えた後に、その秘

1.4 社員に求められる要件の変化

密が隠されていたのです。このゴルフ場のキャディさんたちは、自分たちのお客様は誰なのか、そのお客様からいま求められていることは何なのか、それに対していまなすべきことは何なのか、ということを徹底的に考えたうえでの行動を、キャディとしての仕事を終えた後に実践していたのです。

このゴルフ場のキャディさんたちは、次のように考えました。

　　自分たちのお客様　　⇒　ラウンド回りをサポートするゴルファー
　　求められていること　⇒　気持ち良くラウンド回りを終えていただくこと
　　なすべきこと　　　　⇒　ゴルフのおもてなしをすること

このことから、ゴルフ場のキャディさんたちは、ゴルフのおもてなしをするために必要な情報を明確化し、その情報を蓄積するためのデータベースを作成しました。そして、自分たちが担当したゴルファーに関する情報を、その日のラウンド回りが終わった後に皆でデータベースに毎日入力することから始めました。やがて、データベースの情報が相当量蓄積されてきたところで、キャディさんたちはデータベースを活用することを始めました。

翌日のゴルフ場の来場者リストをもとにして、その来場者に関する様々な情報分析を、前日のキャディの仕事を終えた後にデータベースを活用して実施し始めたのです。この分析によって、明日来場するゴルファーに関する、各ホールでの平均打数、打球の癖、OBを出したホール、食事の好み、趣味など、様々な情報を前日中に頭の中にインプットしたうえで、なすべきことを考えて翌日になって来場したゴルファーにおもてなしをしたそうです。

このような入念な事前準備を行った結果、おもてなしされたゴルファーの満足度は飛び抜けて高くなり、"満足度が向上するとリピート率が高くなる"との法則そのままに、そのゴルフ場へのリピート率が向上したのです。そして、ゴルフ場が乱立する中で、このゴルフ場は相変わらず予約が取れないゴルフ場との評判を得たそうです。

このゴルフ場のキャディさんたちが、もし与えられた仕事を日々きちんとこなすだけの仕事に徹していただけなら、このような変革は決して起こらなかったと思います。このゴルフ場のキャディさんたちは、組織をうまく変革するよ

第1章　問題解決について考える

うな問題解決行動を、自らの意志にもとづいて、リーダーシップを発揮して、実行していったのです。これが、いま求められている社員像の典型例なのです。

1.5　求められる能力の変化

❖能力を評価する3つの力

　ここでは、われわれ一人ひとりに求められている能力がどのように変化してきているのか、ということについて考えてみましょう。企業で働く人たちの能力は、「人を動かす力」「記憶する力」「考える力」の3つの力で評価できるといわれています(**図表1.3**)。「人を動かす力」とは、いわゆる機転が利くという、

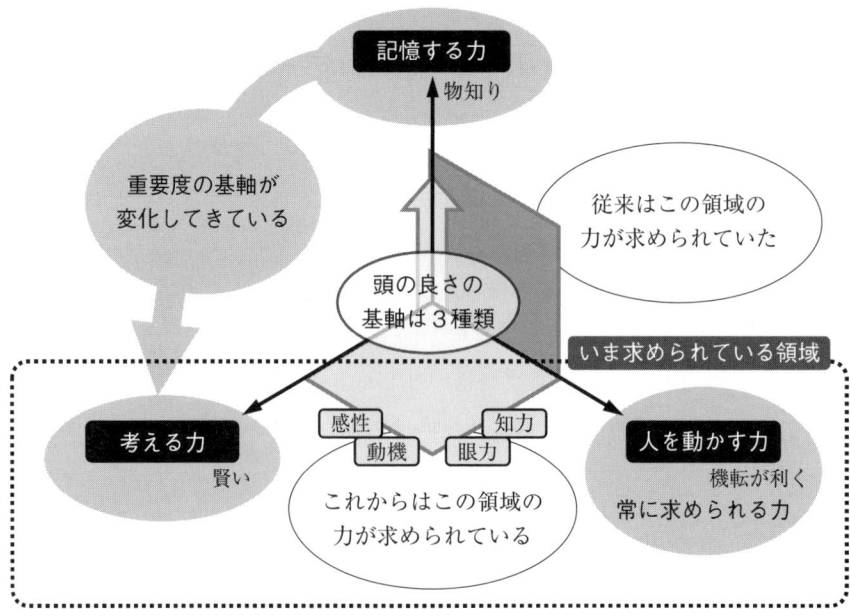

図表1.3　求められている能力の変化

人に対する配慮や気遣いをとおして人とうまく協働でき、かつ人をうまく活用できる能力をいいます。これは、企業という大勢の人たちがいる組織体の中で仕事をするためには、いつの世でも常に求められるものです。「記憶する力」とは、いわゆる物知りという、仕事で必要な知識や情報を数多く保有している、もしくは保有することができる能力をいいます。これは、かつてパソコンが存在しなかった時代に、大いにもてはやされたものです。「考える力」とは、いわゆる賢いという、頭を使って物事を考えたり想像したりする能力を指しています。これは、近年になって特に必要とされてきていて、問題解決力の源泉となるものです。

❖職場環境の変化

1980年以前までのかつての日本企業の職場には、今では職場の必需品となっているパソコンがまったく存在しませんでした。この時代の職場においては、書類はすべて紙に手書きで作成され、社内メールはメール袋を使って人手で運ばれ、情報の共有は書類を回覧して行われていました。このように、今ではとても考えられないような方法で、当たり前のように仕事が行われていました。

ところが、1980年以降になって、パソコンが徐々に職場に入り込んでくると、こうした仕事のやり方が徐々に変化してきました。パソコンの出現によって、書類の作成、メールの扱い、情報の共有などが、すべて一台のパソコンでまかなえるようになってきました。そして、パソコンの普及が職場に一台から一人に一台へと、急激に拡大してきた時期を境にして、仕事のやり方が一変してしまいました。そして、職場環境の変化に伴って仕事のやり方がこのような形で変化したことが、職場で働く人たちに求められる能力に大きな変化をもたらしました。

❖パソコン普及前の時代に求められていた能力

パソコンが出現する以前の職場においては、仕事で必要な情報のやり取りは、社内メールを活用した書類現物のやり取りが主流でした。このような職場

環境では情報の共有があまりはかどらず、特に重要情報や機密情報などに至っては、それらを保有している人の頭の中に留まりがちになっていました。この結果、役職者のような情報をもてる人と、それ以外の情報をもてない人との間には、とても大きな情報格差が存在していました。入社早々の新人や若手社員は、情報をもっている役職者や先輩社員から展開されない限り、会社の現在の状況などを知る由もありませんでした。このような職場環境においては、ただ単に情報をもっているだけでも、それがそこそこ貴重な情報であるなら大きな価値をもっていました。このようなことから、人を評価する3つの力の中でも、「記憶する力」が幅を利かすようになりました。この結果、パソコンが急激に普及する以前の時代においては、この「記憶する力」と常に求められる力である「人を動かす力」が組み合わさった領域で、人の能力が評価されるようになっていました。

❖パソコン普及後の時代に求められるようになった能力

　ところが、パソコンが職場に出現して急速に普及した結果、このような状況が大きく変化しました。パソコンとともに普及した情報ネットワークによって、これまで存在していた情報格差が解消されてきました。それに伴って、かつては手に入り難かった会社の経営や事業、方針にかかわるような貴重な情報が、誰にでも比較的容易に手に入れられるようになりました。この結果、ただ単に情報をもっているだけでは、そのこと自体には何ら価値をもたなくなってきました。どのような情報であっても、いまもっている情報をもとにして、新たな情報を想像して生み出すことができる「考える力」に価値が置かれるように変化してきました。この結果、パソコンが急激に普及した以後の時代においては、この「考える力」と常に求められる力である「人を動かす力」が組み合わさった領域で、人の能力が評価されるようになってきました。

❖いま求められている能力

　「人を動かす力」と「考える力」が組み合わさった領域は、広い意味での問

題解決力を示していると考えられます。本書では、問題解決力を、統計的手法を基軸としたスキルの集合体と考えることを、狭い意味での問題解決力と呼びます。一方、この狭い意味での問題解決力に職場で問題解決を実践してゆくために必要な力を付加したものを、広い意味での問題解決力とよびます。この広い意味での問題解決力、すなわち「人を動かす力」と「考える力」が組み合わさった領域で求められる能力を高めるには、感性、動機、眼力、知力といった素養を培ってゆくことが必要です。感性とは自分の貢献領域を感じ取れる感覚、動機とは何とかしなければと思う心持ち、眼力とは良し悪しを見極められる視点、知力とはデータにもとづく事実・事象の理解力を各々意味しています。これらの素養を培ってゆくことが、広い意味での問題解決力を向上させてゆくことにつながります。

以後、本書では、この広い意味での問題解決力を問題解決力といいます。

❖いま求められている人材像

近年の調査では、企業の人事担当者が採用人材に求めているスキルとして、問題を発見する力、論理的に考えられる力、常に新しい知識等を身につけようとする力、行動力・実行力などが高い位置づけを占めるようになってきています。これらのスキルは問題解決力の構成要件であるといっても過言ではありません。このことからも、いま社会的に問題解決力が必要とされていることが分かります。

これまで、色々な観点から、いま求められている能力について考えてきました。いま求められているこれらの能力をいち早く身につけて、社会が、市場が、お客様が、社内の次工程が、職場の人たちが、といったような、あらゆる階層からいま求められていることを、確実に実現できるようにしてゆかなければなりません。このようなことを踏まえて、いま求められている人材像を表現すると、「会社の将来への更なる持続的成長へ向けて、自分を取り巻く環境変化を敏感に感じ取り、解決すべき問題を自ら発見し、解決へ向けて自ら職場をリードできる人材」といえます。そして、この人材像の実現に一人ひとりが取り組

第 1 章　問題解決について考える

んでゆくことが、指示待ち人間の集まりではない、自らの力で変革を実現できる人間が集まった、真に強い組織集団を形成することにつながります。

1.6　問題解決の実践に必要なスキル

❖問題解決プロセス

問題解決プロセスは基本的に、①問題認識・課題設定、②現状把握・現状分析、③対策立案・解決行動、④効果確認・標準化という4つのステップで進められます（図表1.4）。問題認識・課題設定のステップでは、あるべき姿を想像したり、論理的に考えたり、問題を認識したり、といったことを通じて課題と目標値を設定します。ここで、想像のところを創造としなかったのはイメージ

図表 1.4　問題解決の基本プロセスと必要なスキル

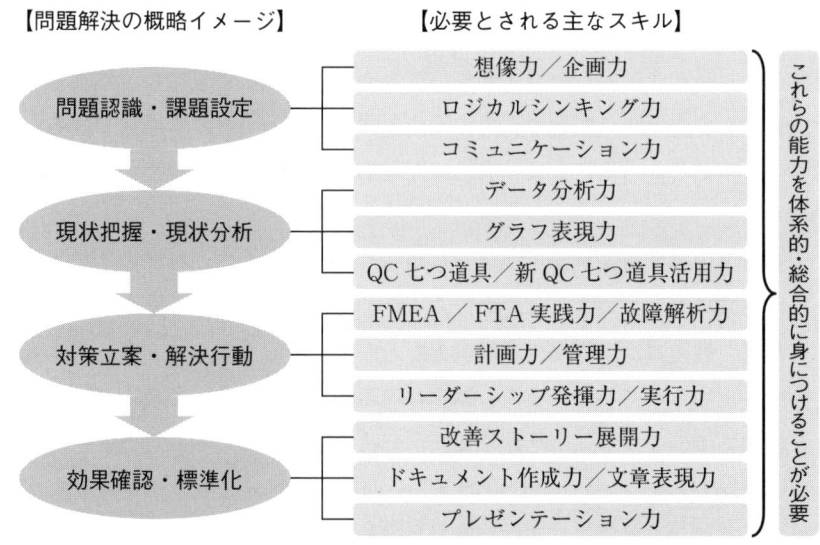

問題解決力は総合実務能力 ⇒ 実施方法や進め方を学んだだけでは実践できない

することだからです。そして、設定した課題や認識した問題を論理的に展開することで、取り組みやすいレベルに分解するとともに、論理展開の全体構造を見える化します。現状把握・現状分析のステップでは、論理展開を通じて選定した取組み対象に対して、現場・現物・現実の三現主義に則って事実にもとづくデータ分析を実施します。そして、差異やばらつきが大きい状態を把握して分析結果を見える化し、原因究明につなげます。対策立案・解決行動のステップでは、なぜなぜ問答を通じて要因分析を実施し、抽出した要因に対して要因検証を実施することで原因を特定します。そして、特定された原因に対して対策を立案して、実行します。効果確認・標準化のステップでは、実行した対策の効果を確認しながら、対策の有効性と目標の達成度を確認します。そして、一連の取組み結果を改善報告書としてまとめて、関係者間で共有します。

❖問題解決プロセスの各ステップで求められるスキル

　問題解決を実践できるということは、この問題解決プロセスのすべてのステップを実施できるということです。この問題解決プロセスのすべてを実務の中で実践するためには、各ステップを実行するために必要とされる個々のスキルを、体系的かつ総合的に身につけることが必要です（図表1.4）。

　問題認識・課題設定では、関係者と連携して想像力を働かせながら論理的に考えることをとおして、実現すべきあるべき姿の想像や解消すべき問題を定義することが求められます。ここでは、想像力・企画力、ロジカルシンキング力、コミュニケーション力などのスキルが必要となります。

　現状把握・現状分析では、QC手法を活用したデータ分析や結果のグラフ化をとおして、現状を事実として見える化することが求められます。ここでは、データ分析力、グラフ表現力、QC七つ道具／新QC七つ道具活用力などのスキルが必要となります。

　対策立案・解決行動では、取り組むべき課題や問題に対してなぜなぜを繰り返して真の原因を究明し、その原因を潰してゆくための施策を立案して確実に実行してゆくことが求められます。ここでは、FMEA／FTA実践力／故障

解析力、計画力・管理力、リーダーシップ発揮力・実行力などのスキルが必要となります。

効果確認・標準化では、問題解決へ向けて実施してきた一連の施策に関する取組み結果と実施効果を整理して、関係者に理解・納得してもらえるように分かりやすく説明することが求められます。ここでは、改善ストーリー展開力、ドキュメント作成力／文章表現力、プレゼンテーション力などのスキルが必要となります。

❖問題解決力は総合実務能力

問題解決力に関する教育として、ロジックツリーやQC七つ道具などのツールや手法に関する教育が、職場でしばしば実施されています。しかし、このような教育だけをいくら実施しても、多くの場合は、教育実施後に問題解決力が目立って高まるような効果が見られません。なぜなのでしょうか。逆に、ロジックツリーやQC七つ道具などのツールや手法を教育しただけで、本当に問題解決力が高まるのでしょうか。

問題解決プロセスには4つのステップがあり、各ステップを実行するには各々に対して必要なスキルがあります。ロジックツリーやQC七つ道具などのツールや手法は、この中のごく一部のスキルに過ぎないのです。問題解決プロセスを実行するためには、これ以外にもっと多くのことを教育しなければなりません。問題解決力とは、問題解決プロセスの4つのステップを実行するために必要なすべてのスキルを包含した、総合実務能力です。このような認識がない中で、問題解決に関するツールや手法の教育を個別最適的に実施しても、期待される教育効果は得られません。

1.7 問題解決のフレームワーク

❖ 問題解決のフレームワークの構造

問題解決の全体像を分かりやすくイメージで表現したものとして、問題解決のフレームワークを紹介します(**図表1.5**)。これは非常に役立つ概念で、イメージ化して覚えやすいように表現されているので、しっかり理解してください。この問題解決のフレームワークについては、**第2章**および**第3章**でも詳しく説明します。

問題解決のフレームワークは、「あるべき姿」と「現状」と「ギャップ」の3つの要素で、問題解決の構造を表現しています。問題解決のフレームワー

図表1.5 問題解決のフレームワーク

あるべき姿の想像
- 将来の夢(ビジョン)
- 環境変化(リスクアセスメント)
- 原理・原則(KFS)
- 顧客満足(CS)
- 効果・効率(ベンチマーキング)
- 想像力・企画力

現場巻き込み
- コミュニケーション力(問題認識・共有化)
- リーダーシップ力(巻き込み・実行)
- 報告書作成・説明力(情報伝達)

これが問題 → ギャップ
改善サイクル

解決行動
- 要因の分析(なぜなぜの繰返し)
- 目的の展開(何のための繰返し)
- ロジカルシンキング力
- 仮説検証力
- QC七つ道具活用力
- 計画立案・遂行力
- 改善ストーリー展開力

現状分析
- 現場
- 現物
- 現実
- 現状分析・見える化力

目指すべき取組み / あるべき姿 / 現状
問題解決のフレームワーク

特にここが重要
現場・現物・現実で現状が十分に見える化することができないと、問題解決が始まらない

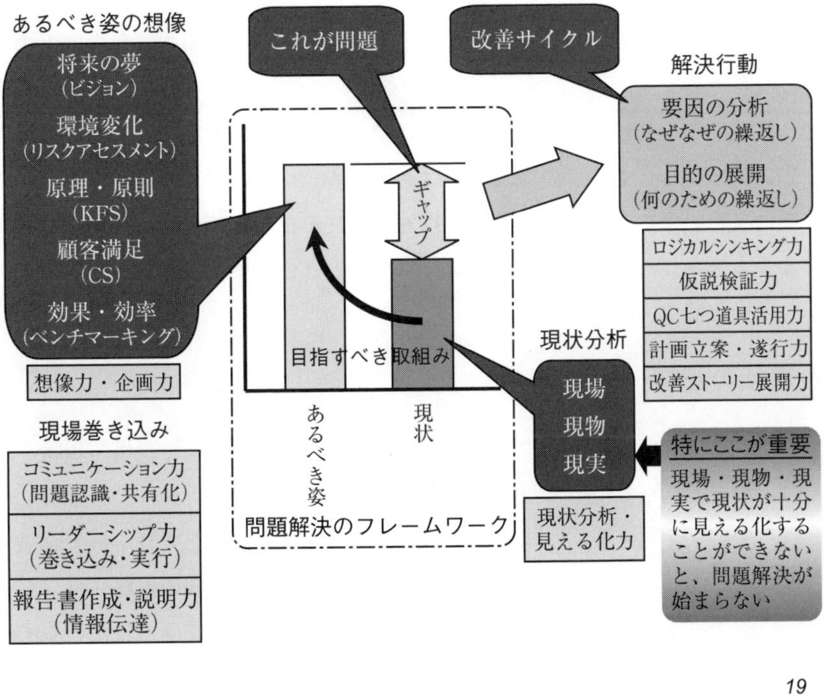

クを見れば、「あるべき姿」と「現状」との「ギャップ」が問題であることが、一目瞭然で分かります。

❖あるべき姿の想像

あるべき姿は、実現したい、もしくは実現しなければならない状態のことです。あるべき姿は、将来の夢、環境変化、原理・原則、顧客満足、効果・効率といった様々な環境与件から想像することができます。

将来の夢とは、組織や自分にとっての仕事に関するビジョンのことで、仕事を通じて成し遂げたいことです。環境変化とは、社会・経済情勢の変化や自社の事業構造の変化に対するリスクアセスメントのことで、仕事にまつわる社内外の情勢変化のことです。原理・原則とは、仕事で絶対に外せない肝となる要素のことで、仕事における成功の鍵(Key Factor of Success)となるものです。顧客満足とは、仕事を通じてお客様に果たすべき貢献内容のことで、仕事の価値観の拠り所となるものです。効果・効率とは、世間基準(ベンチマーク)と対比するための仕事の出来栄えを測る尺度のことであり、仕事の競争力向上の源泉となるものです。

これらの各与件にもとづいて検討した結果を総合的に勘案して、あるべき姿を想像してゆきます。この環境与件は必ずしもすべてに対して検討できている必要はなく、また必要に応じてこれ以外の与件を付加しても問題はありません。ここで大切なことは、必要かつ適切な事実にもとづいて、論理的かつ適確にあるべき姿を想像することです。

❖現状の認識

現状とは、文字通り現在の状態です。現状を認識するには、現場・現物・現実の三現主義にもとづいて現状を把握し、必要に応じて事実データを分析して、それらの結果を見える化します。現状は、あるべき姿と対比できる形で認識できていると両者の違いを比較しやすくなり、ギャップや問題の理解に役立ちます。ここでポイントとなるのは現状分析を通じて現状が正確かつ分かりやすく

見える化できていることであり、この見える化の出来栄えによって問題解決の精度が左右されるといっても過言ではありません。

❖ 問題（ギャップ）の把握

　問題とは、あるべき姿と現状との間に生ずる差異そのもの、もしくは差異から派生する悪しき事象として把握します。どちらにしても、あるべき姿と現状とのギャップとして問題をきちんと把握することが、問題を発見することになります。このことから、問題を把握するには、現状とあるべき姿が各々対比できる形で認識できていることがポイントになります。問題を示す時は、あるべき姿と現状との差異だけでなく、この差異によって派生する悪しき事象も、並列して明示しておくことが必要です。なぜなら、あるべき姿と現状との差異よりも、あるべき姿と現状との差異によって派生する悪しき事象のほうが、現場では問題として実感しやすいからです。

　あるべき姿と現状との差異として問題を把握する場合、「～ができていない」という形で把握する場合があります。たしかに、この表現は、一見すると問題のように思えます。しかし、実は「～ができていない」ということは現状を表現しているのです。「～ができていない」こと自体、ならびにそれによって派生する悪しき事象が、問題なのです。このような間違いを起こさないためには「～ができていない」ではなく、「～まではできている」という形で現状を認識すればよいのです。

❖ 課題の設定

　問題をきちんと発見できたら、この発見した問題を解決するための課題を設定します。課題を設定する時には、問題そのものに手を打つという考え方で課題を設定してはいけません。このような形で課題を設定してしまうと、問題には手を打てますが、問題を発生させている現状の仕事の仕方に手を打ちにくくなるので、問題が発生するという現状の構図は変わりません。したがって、設定した課題を解決したとしても現状が変わっていないので、新たな問題が再発

第1章　問題解決について考える

してしまいます。このような形で課題を設定してしまうことは、日常よく見受けられるので、注意が必要です。

　そこで課題は、現状をあるべき姿に変えることで差異を解消し、問題そのものが発生しない状態を実現する、という考え方で設定します。このような形で課題を設定すると、問題が明確になり、問題解決に取り組むことができるようになります。

❖問題解決に求められるスキル

　このような問題解決のフレームワークにもとづいて問題解決に取り組むためには、①あるべき姿の想像、②現状分析、③解決行動、④現場巻き込みといった4つの観点からスキルの向上に取り組む必要があります(**図表1.5**)。あるべき姿の想像のためには想像力・企画力が、現状分析のためには現状分析・見える化力が、解決行動のためにはロジカルシンキング力／仮説検証力／QC七つ道具活用力／計画立案・遂行力／改善ストーリー展開力が、現場巻き込みのためにはコミュニケーション力／リーダーシップ力／報告書作成・説明力が、各々10項目にわたって必要となります。

1.8　問題処理型と問題解決型

❖行動パターンの違い

　上司や同僚などから仕事を依頼された時、その仕事に対する取組み姿勢は人によって様々な行動パターンに分かれます。この様々な行動パターンを問題解決の視点で大別すると、問題処理型と問題解決型という2種類の行動パターンに分類することができます(**図表1.6**)。それでは、この問題処理型と問題解決型の違いを比較しながら見ることを通じて、問題解決としてふさわしい行動パターンについて考えてみましょう。

1.8 問題処理型と問題解決型

図表 1.6 問題処理型と問題解決型

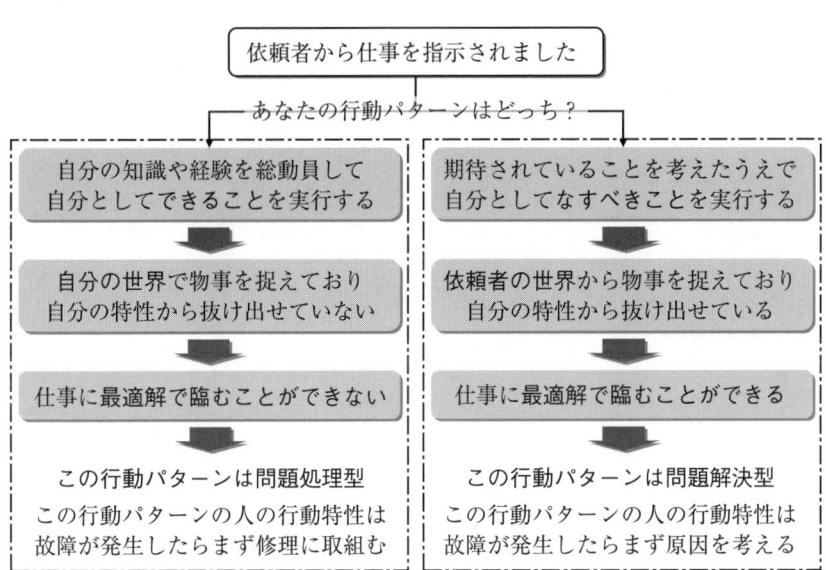

❖ 問題処理型の行動パターン

　一つ目の行動パターンは、依頼者から依頼された仕事に対して、自分がいまもっている知識や経験を総動員することで、いま「自分としてできること」を実行しようとするものです。これはよく見られる行動パターンですが、一見すると望ましい取組み方をしているように見えます。ところが、この行動パターンでは「自分の世界」を基軸にして物事を捉えてしまっているため、そもそも自分の特性を抜け出すような取組み方ができていないのです。

　ここで留意すべきことは、「自分としてできること」と依頼者の望んでいることが一致していない可能性があるということです。しかも、その可能性がとても大きいのです。依頼者が望んでいることを最適解という言い方をすれば、この行動パターンでは、仕事に対して「最適解で臨むことができない」という状態に陥りやすくなってしまいます。この行動パターンのことを問題処理型と

よびます。

　この行動特性を分かりやすくたとえると、「故障が発生したら、まず修理に取り組む」ということになります。重大トラブルや緊急事態の発生時には、応急処置としてまずはこの行動パターンをとることが必要となります。しかし、このケースで多くの場合に問題となるのは、緊急事態への対処が終わったら、何ら事後の後始末がなされないまま、そこですべてが終わってしまうことなのです。実は、事後の後始末として、次に説明する問題解決型の行動パターンをとっていないことが問題なのです。

❖問題解決型の行動パターン

　二つ目の行動パターンは、依頼者から依頼された仕事に対して、いま期待されていることを十分に考えたうえで、いま「自分としてなすべきこと」を実行しようとするものです。これはなかなか見られない行動パターンですが、本来の望ましい取組み方といえます。この行動パターンでは「依頼者の世界」を基軸にして物事を考えているため、自分の特性から抜け出すような取組み方ができるのです。

　ここで留意すべきことは、「自分としてできること」と依頼者の望んでいることが一致する可能性が高いということです。しかも、その可能性がとても大きいのです。したがって、この行動パターンでは、仕事に対して依頼者が望んでいる「最適解で臨むことができる」という状態をつくれるようになります。この行動パターンのことを問題解決型とよびます。この行動パターンで物事に臨むと、本質に迫る取組みができるようになります。

　この行動特性を分かりやすくたとえると、「故障が発生したら、まず原因を考える」という行動になります。トラブルが発生した真の原因を考えずにトラブル対策を対症療法的に実施したとしても、再び同様のトラブルが発生してしまうかも知れません。そもそも古くなった水道管の水漏れ箇所に対して漏水対策を実施して、その場の水漏れに対処できたとしても、古くなった水道管自体の交換などの対策を実施しないと、やがて水道管の他の箇所から水漏れが発生

するであろうことは、自明の理です。このように発生したトラブルを再発防止する時には、この行動パターンをとることが必要不可欠です。現状が、再発トラブルが一向に減らないという状況に陥っているとしたら、まさにこの行動パターンでトラブルに対処できていない可能性が高いと考えられます。

❖問題処理型と問題解決型の行動パターンの違い

　問題処理型の行動パターンでは問題の本質に迫る取組みができません。しかし、問題解決型の行動パターンでは本質に迫った取組みができるため、問題が二度と起きないような抜本的な処置ができるようになります。したがって、お客様に危害を与えるような一刻を争う緊急事態が発生した場合には、まずは問題処理型の行動パターンを優先した取組みを行ったうえで、事態の収束を待ち、問題解決型の行動パターンでその後の再発防止へ向けた取組みを図ってゆく必要があります。

　問題処理型と問題解決型との違いを、実際の業務の一場面を題材にして比較してみましょう。庶務のAさんが上司から書類を5部コピーすることを依頼されました。Aさんは長年の庶務経験から複写機の使い方を十分理解していたため、依頼を受けると直ぐに複写機でコピー作業を実施し、そのまま5部のコピーを上司に提出しました。この時、上司は一体どのような反応を示したのか、ちょっと考えてみてください。

　一つのケースとしては、上司が「ご苦労さま」と言って、5部のコピーを黙って受け取るケースが考えられます。もしこのような結果で事が済んだとしたら、Aさんは運が良かったと思うべきです。もう一つのケースとしては、上司が「このコピーは何だ」と言って、5部のコピーを受け取らないケースが考えられます。もしこのような結果になったとしたら、Aさんは運が悪かったと思って良いのでしょうか。コピーを依頼したAさんの上司の反応に、なぜこのような違いが生じるのでしょうか。

　それは、上司からコピーを依頼されたAさんの行動パターンが、典型的な問題処理型になっていることに起因しています。上司からコピーを依頼された

第 1 章　問題解決について考える

　Ａさんは、「自分としてできること」としてコピー作業を行いましたが、5 部のコピーをとおして上司がどのようなことを期待しているのかを確認していないため、これでは「自分としてなすべきこと」を行う形になっていません。もしＡさんの上司がこの直後に大切なお客様へのプレゼンテーションを控えていて、このお客様へ提示する資料としてコピーを依頼したとしたら、Ａさんは、お客様に失礼がないように、きれいな用紙にきれいな画質で、きちんと体裁を整えた形でコピーを 5 部用意しなければなりません。このようにＡさんが上司からコピーをとおして期待されていることを何ら確認せずに作業に取り掛かってしまっていることが問題なのです。

　しかし、この場合のＡさんのように、自分が担当している仕事を通じて期待されていることを意識していないと、漫然と問題処理型で仕事を進めてしまうことが多々あります。問題解決型の姿勢で仕事に取り組むには、常日頃から仕事を通じて期待されていることを認識する、すなわち何のために現在の仕事に取り組んでいるのかを考えることが大切です。

第2章

問題解決フレームワークで考える

2.1 問題解決フレームワークの活用

❖問題解決フレームワークの効用

　問題解決フレームワークは、問題解決への取組みの全体像を整理して、見える化するための思考の枠組みのことです。この思考の枠組みで解決しなければならない問題への取組み方を検討すると、問題解決の構造を全体的視点で整理することができるため、問題は何で、課題は何で、目指すものは何で、といったことが明確になるうえに、1枚のシートで見える化できるようになります。この結果、全体から考えるという思考プロセスを形成することができ、問題と課題、課題と目指すもの、目指すものと問題といったような相互の関連性が非常に理解しやすくなります。これにより、大きな問題解決に取り組む時には、関係者への内容説明や活動への巻き込みなどの取組みが非常に展開しやすくなります。

　このように①あるべき姿、②現状、③問題(ギャップ)の3点セットで全体像を構造的に捉えることができたら、既に問題解決の半分は終わったと認識して良いと思います。問題解決の全体像を構造的に捉えるためには、問題解決フレ

ームワークが有効なツールとなります。ここでは、この問題解決フレームワークの内容を理解するとともに、問題解決フレームワークの活用方法について考えましょう。

問題解決フレームワークを活用すると、問題解決に取り組む時に、どのような問題認識の下で、どのような課題を設定したのか、ということを分かりやすく整理することができるようになります。そのためには、①問題認識シート、②環境与件認識シート、③問題解決フレームワーク検討シートの3種類のワークシートを使用します。以下で、これらの各々のシートに関する使用目的と内容、そして使い方について説明します。

❖問題を認識する──問題認識シート

問題認識シートとは、問題として認識した事象をリストアップして、各事象を事実データで見える化するためのもので、いわゆる現状把握を、きちんと形を残しながら行うためのツールです（**図表2.1**）。第3章で改めて説明しますが、仕事や身の回りをよく観察して、「何か変だぞ？」「何かおかしいぞ？」「何かありそうだぞ？」と感じたことや感じている事象を、まずはシートの左側の欄に書き出します。すべての事象を書き出し終えたら、個々の事象に関する事実データを収集して、グラフ化したり表にまとめたりして、対象となった事象と対応する形で右側の欄に記入します。このようにすることで、いままで見えていなかった問題が見えてくるとともに、漠然と認識していた問題が事実データをもとにして見える化できるようになります。

このような取組みを通じて、身の回りには案外多くの事実データが存在していることや、使える形で継続的に収集されている事実データが意外と少ないことに気づくことがあります。現場で事実データにもとづく取組みが行われないことから、改善研修を通じて全員にツールや手法を教育したが、実は、取組みが行われていなかった理由が現場に使えるデータがほとんど存在していないからであった、なんて笑い話のような例もあります。教育だけでなく、豊富な事実データが存在する職場づくりに取り組むことも、問題解決力が高い職場づく

2.1 問題解決フレームワークの活用

図表2.1　問題認識シートの雛形

何か変だぞ？／何かおかしいぞ？／何かありそうだぞ？と感じていること（観察した事実をできるだけ具体的に）	左記の感じたことを事実として検証するための現状データ（できれば裏付けとしての検証結果も）

りをするうえで忘れてはならないことです。

　また、この一連の作業は一人で取り組むよりも、職場のメンバーと一緒に様々な意見を出し合いながら取り組んだほうが、より漏れのない結果を得ることができます。しかも、メンバーとの取組みを通じて認識したことを、メンバー全員で共有できるので、共通の問題意識を形成することに役立ちます。

　問題意識については、第3章で改めて詳しく説明します。

❖環境与件を認識する——環境与件認識シート

　環境与件認識シートとは、仕事の将来の方向性に影響を及ぼす要素に関して現在認識できていることをリストアップし、環境与件として整理するためのものです（図表2.2）。第1章で説明しましたが、将来の夢、環境変化、原理・原則、顧客満足、効果・効率といった各要素に関して、現時点で認識できている

第2章　問題解決フレームワークで考える

図表 2.2　環境与件認識シートの雛形

将来の夢 （ビジョン）	
環境変化 （リスクアセス）	
原理・原則 （KFS）	
顧客満足 （CS）	
効果・効率 （ベンチマーク）	

　ことを、まずは書き出します。認識していることをすべて書き出し終えたら、書き出した個々の内容を再確認しながら、全体を俯瞰する形で仕事の将来を方向づけするポイントを見出します。

　環境与件がどこまでしっかり認識できているのかが、あるべき姿の内容に大きな影響を与えます。毎日が日常の仕事への対応に終始してしまっていると、将来について考えたり、そのための情報に関心をもったり、ということに疎くなっていることさえ、気がつかない状態に陥ってしまいがちです。日常の仕事からは、いま求められている変革につながる要素を、ほとんど引き出すことができません。変革につながる要素は、将来について考えることで初めて引き出されるものです。日常の仕事に取り組みつつも、将来について考える時間をもつことが、できれば短時間であっても毎日考え続けることが、将来の変革につながります。

2.1 問題解決フレームワークの活用

また、この一連の作業についても一人で取り組むよりも、職場のメンバーと一緒に取り組んだほうが、問題認識シートの時と同じように、より良い結果を得ることができるうえに、メンバーとともに検討した内容を共有することができきます。

環境与件の認識については、第3章で改めて詳しく説明します。

❖問題解決の全体像を整理する──問題解決フレームワーク

問題解決フレームワーク検討シートは、①あるべき姿、②現状、③問題（ギャップ）という3つの領域で構成されています（図表2.3）。目的は、問題認識シートや環境与件認識シートを使って検討した結果を整理して、あるべき姿と現状と問題に関する内容を、全体的に整合した形でまとめ上げるためのものです。あるべき姿と現状と問題に全体的な整合がとれているということは、各々の領域に記載されている内容を相互に比較した時に、内容的な違和感がない状態に

図表2.3　問題解決フレームワーク検討シートの雛形

あるべき姿(問題が解消できた後のイメージ)	問題(あるべき姿と現状のギャップ)
【現状把握の結果からあるべき姿を想像する】	【ギャップの内容、ギャップが引き起こす問題など】
	現状(あるべき姿への現時点での到達レベル)
	【あるべき姿に対する現状レベルを把握する】

第2章　問題解決フレームワークで考える

なっているということです。さらに、「問題は現状があるべき姿に達していないことで発生している」という問題解決の基本的な関係が、論理的に理解できる内容で表現されているということです。

　このような関係で問題解決フレームワークがまとめられていると、問題はあるべき姿と現状との差異、さらにはその差異によって派生する悪しき事象として具体的に定義できるようになります。さらに、ここで定義した問題を解消するため、現状をあるべき姿へ向けて変えてゆくための取組みが、課題として設定できるようになります。このような内容で問題解決フレームワークが完成した時に、これから取り組むべき問題解決の全体イメージが出来上がった、ということになります。この状態が、問題を発見できた状態であり、課題を設定できた状態なのです。

　あるべき姿と現状と問題に整合がとれているということを、もう少し詳しく説明します。例えば、もし問題の領域に仕事上で発生している不具合の内容が表現されているとしたら、現状の領域には、そのような不具合を発生させている現在の仕事のやり方そのものが、表現されていなければなりません。そして、あるべき姿の領域には、そのような不具合が発生しないような目指すべき仕事のやり方が、表現されていなければなりません。しかも、あるべき姿の領域に表現されている内容は環境与件認識シートで、現状の領域に表現されている内容は問題認識シートで、各々先立って検討した内容を踏まえていなければならないことは、いうまでもありません。

　このような内容で問題解決フレームワークが出来上がると、問題解決に向けて取り上げた案件に関する取組みの全体像が、整理された形で、一見して理解できるように表現することができます。取り上げた案件について、取組みの狙いがあるべき姿の領域に表現されている内容で、取組みの目標が問題の領域に表現されている内容を解消することで、取組みの課題が現状をあるべき姿に向けて現状を変えてゆくことで、各々分かりやすく認識できるようになります。問題解決へ向けた取組みの全体像がこのようにまとめられていると、自分の考えを整理できるだけでなく、周囲の人たちへの共有にも役立ちます。

❖経験を積む

　話を聞いているだけなら、問題解決フレームワークはいとも簡単にまとめられると思えるかも知れません。ところが、問題解決フレームワークを活用してこのような形でうまく短時間でまとめられるようになるには、様々な例を題材にして、問題解決フレームワークを何度も何度も繰り返し作成する経験を積むことが必要です。このような経験を踏まえて、問題解決フレームワークの思考プロセスを、頭の中の思考回路として定着させてしまうことが必要です。根気良く経験を積み重ねてゆくことで、思考回路が頭の中に徐々に形成され、次第によりうまく、より短時間で考えられるようになります。

　これから勉強してゆく問題解決に関する様々な考え方や手法についても、この問題解決フレームワークと同様に、何度も何度も実践を繰り返してゆくことで、頭の中に思考回路を形成してゆく必要があります。問題解決は学んだだけでは身につかないので、根気強く実践してゆくことが必要だということを肝に銘じてください。余談ですが、問題解決がうまく実践できるようになった人は、キーパーソンとして職場に欠かせない貴重な存在になります。

2.2　メンテナンス型の問題解決パターン

❖問題解決フレームワークによる検討方法

　ここでは、メンテナンス型の問題解決パターンに関する問題解決フレームワークの検討方法について説明します。メンテナンス型の問題解決とは、現状の仕事のやり方を前提として、基本的に仕事のやり方自体は大きく変えない、問題解決の進め方のことです（図表 2.4）。この進め方では、現状の仕事のやり方で問題がある箇所に手を打つことで、現状の仕事のやり方をメンテナンスしてゆく、いわゆる仕事の改善的な取組みを実施することになります。

　このメンテナンス型の問題解決パターンでは、①問題起点型とよばれる問題

第2章　問題解決フレームワークで考える

図表 2.4　問題起点型での問題解決フレームワーク検討

```
            あるべき姿                              問題
   ┌──────────────────────────┬──────────────────────────┐
   │③問題を発生させないあるべき姿を│①業務を通じて問題を現実データで│
   │  明確化する              ←╌╌│  認識する                │
   │                          │                          │
   │    あるべき姿を想像        │    問題を現実データで      │
   │    する際の参考として      │    見える化すると良い      │
   │    検討しておくと良い      │                          │
   │                          │                          │
   │                          ├──────────────────────────┤
   │                          │           現状           │
   │  あるべき姿の業務プロセスの良さを │②問題を発生させている現状の姿を│
   │  現状の業務プロセスの悪さと対比して│  明確化する              │
   │  イメージ図と補足説明で表現できると良い│                          │
   │                          │  現状の業務プロセスの悪さを  │
   │                          │  イメージ図と補足説明で表現できると良い│
   │        メンテナンス型の問題解決                           │
   │        （過去〜現状に関する問題解決）                     │
   └──────────────────────────┴──────────────────────────┘
```

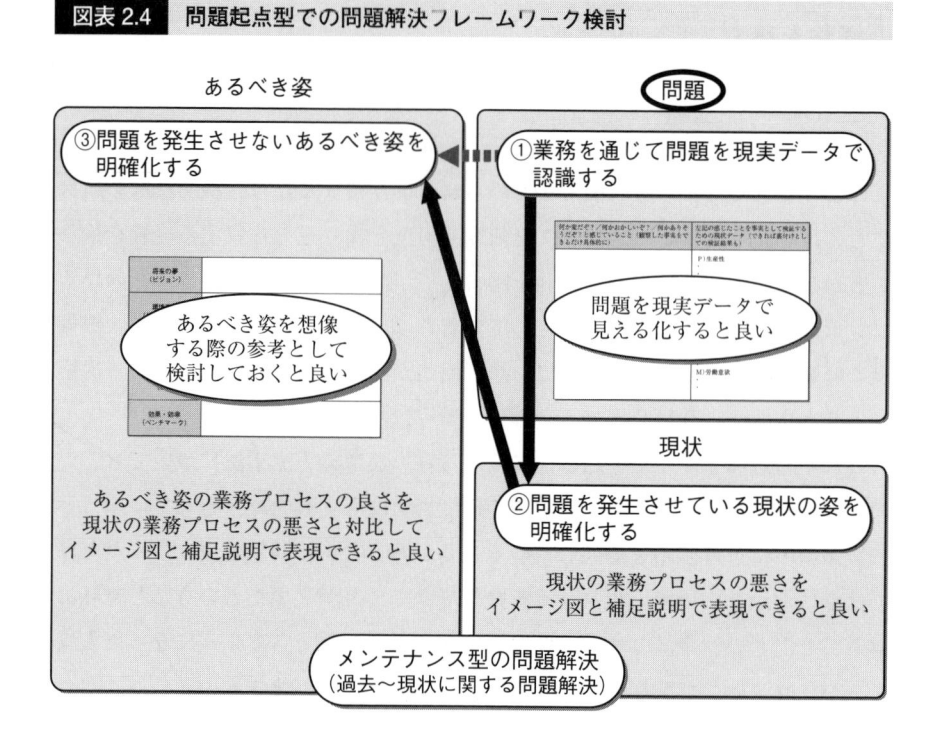

をベースにして問題解決フレームワークを検討してゆく場合と、②現状起点型とよばれる現状をベースにして問題解決フレームワークを検討してゆく場合の2通りの進め方があります。いずれにしても、現場の第一線で仕事をしている人に適した進め方です。

❖問題起点型での検討方法

　問題起点型での問題解決フレームワークの検討の進め方は、まず問題認識シートでの検討結果より解消すべき問題に関するポイントをまとめて、その内容を問題の領域に表現することから始めます（図表 2.4）。ここで大切なことは、この問題の領域に表現する内容は思い込みや憶測ではなく、あくまでも事実データにもとづいたものである、ということです。特にメンテナンス型で検討を

進めてゆく場合には、認識された問題に対して現実感や納得感が得られないと、関係者から共感を得ることができず、周囲の巻き込みを図ることが難しくなってしまいます。

次に問題の領域に表現されている様々な事象をもとに、現状の仕事のプロセスや内容を明確にして、この内容を分かりやすく整理した形で現状の領域に表現します。この時、文章で表現するよりは、できるだけイメージで表現したほうが関係者に理解されやすくなります。現状の領域に表現されている内容がうまくまとめられていると、「このような仕事のやり方をしているから、このような問題が発生しているんだ」ということを、とても分かりやすく表現できるようになります。さらに、現状の領域に表現されている内容で、現在の仕事のやり方の良い部分と悪い部分が明確になっていると、より理解を深めることができます。

そして、最後に考えなければならないことが、あるべき姿です。ここでのあるべき姿とは、現状がこのような形に変化すれば、問題の領域に記載されているような事象が発生しなくなるような仕事のプロセスや内容のことです。まず環境与件認識シートでの検討結果より将来実現すべきことに関するポイントをまとめて、その内容をあるべき姿の領域に表現します。問題の時と同様に、この内容もできるだけイメージで表現したほうが第三者に理解されやすくなります。しかも、問題の領域に表現されている内容と対比できる形で描かれていると、変化の様子が手にとるように分かりやすく表現できるようになります。「将来はこのような仕事のやり方になるように現状を変革すれば、現在発生している問題が発生しない状態を実現できる」ということが、さらによく分かるように表現できるようになります。

❖現状起点型での検討方法

もう一方の現状起点型での問題解決フレームワークについても、基本的には問題起点型と同様の考え方で検討することができます。異なっている部分は、現状を先に明確にし、この現状から発生している問題を明確にする点で、検討

第 2 章　問題解決フレームワークで考える

する順序が問題起点型と逆になっているだけです（**図表 2.5**）。現状、問題、あるべき姿の各々の領域で表現し、明確にしなければならない内容については、問題起点型の場合とまったく同じです。

❖まとめ

　このように、メンテナンス型の問題解決パターンにおいては、現状と問題のどちらについても現在の状態を事実として明確にすることから出発しています。現状と問題のどちらを先に検討するかという違いはあるにしても、現在の状態をもとにしてあるべき姿を想像するという進め方で検討する方法が、メンテナンス型の問題解決パターンです。

図表 2.5　現状起点型での問題解決フレームワーク検討

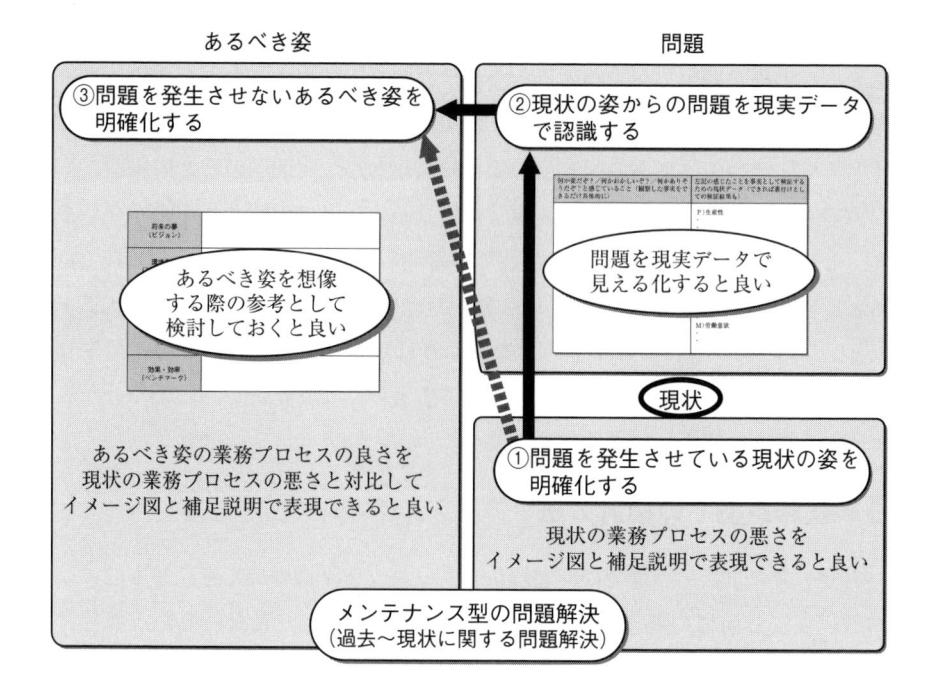

あるべき姿

③問題を発生させないあるべき姿を明確化する

あるべき姿を想像する際の参考として検討しておくと良い

あるべき姿の業務プロセスの良さを現状の業務プロセスの悪さと対比してイメージ図と補足説明で表現できると良い

問題

②現状の姿からの問題を現実データで認識する

問題を現実データで見える化すると良い

現状

①問題を発生させている現状の姿を明確化する

現状の業務プロセスの悪さをイメージ図と補足説明で表現できると良い

メンテナンス型の問題解決
（過去〜現状に関する問題解決）

2.3　クリエイティブ型の問題解決パターン

❖問題解決フレームワークによる検討方法

　ここでは、クリエイティブ型の問題解決パターンに関する問題解決フレームワークの検討方法について説明します。クリエイティブ型の問題解決とは、仕事として目指すべき"あるべき姿"を前提として、仕事のやり方を現状から大きく変えるための問題解決の進め方のことです（**図表 2.6**）。この進め方では、将来の仕事のやり方をゼロベースで抜本的に創造してゆくことで、本来取り組むべき仕事のやり方を実現してゆく、いわゆる仕事の変革的な取組みを実施することになります。

図表 2.6　あるべき姿起点型での問題解決フレームワーク検討

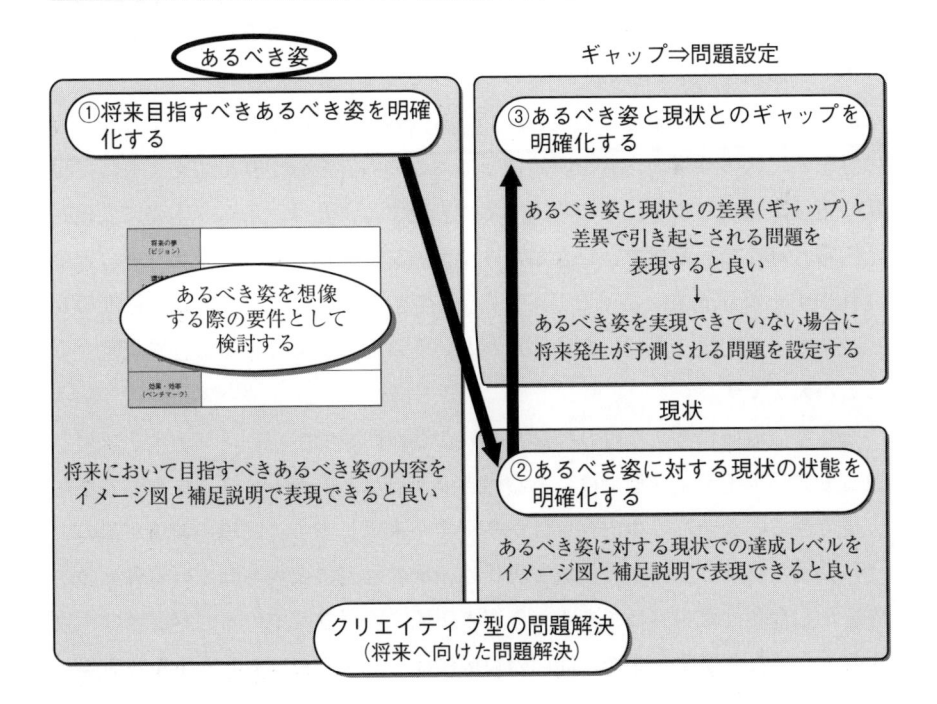

あるべき姿　　　　　　　　　　　　ギャップ⇒問題設定

①将来目指すべきあるべき姿を明確化する

③あるべき姿と現状とのギャップを明確化する

あるべき姿と現状との差異（ギャップ）と差異で引き起こされる問題を表現すると良い
↓
あるべき姿を実現できていない場合に将来発生が予測される問題を設定する

あるべき姿を想像する際の要件として検討する

将来の夢（ビジョン）
効果・効率（ベンチマーク）

現状

②あるべき姿に対する現状の状態を明確化する

あるべき姿に対する現状での達成レベルをイメージ図と補足説明で表現できると良い

将来において目指すべきあるべき姿の内容をイメージ図と補足説明で表現できると良い

クリエイティブ型の問題解決
（将来へ向けた問題解決）

第2章　問題解決フレームワークで考える

　このクリエイティブ型の問題解決パターンは、あるべき姿起点型とよばれる、あるべき姿をベースにして問題解決フレームワークを検討してゆく進め方です。これは、現場のマネジメントに携わっている人に適した進め方です。

　あるべき姿起点型での問題解決フレームワークの検討の進め方は、まず環境与件認識シートで検討した結果から、今後目指すべき将来の姿を想像して、この内容をあるべき姿の領域に表現することから始めます。ここで大切なことは、この領域に表現する内容は、現実離れした空想じみた理想像を描くことではなく、あくまでも環境与件認識シートの5項目である、①将来の夢、②環境変化、③原理・原則、④顧客満足、⑤効果・効率で検討した結果にもとづいているということです。さらに、具体的で実現性を有した内容であるということです。環境与件認識シートを活用した環境与件の検討方法については、**第3章**で詳しく説明します。

　このあるべき姿の内容が具体的イメージで分かりやすく表現されているとともに、ロジカルに導き出されたものでないと第三者の共感を得ることができないので、周囲を巻き込むことが難しくなってしまいます。

　次にあるべき姿の領域に表現されている内容をもとにして、このような内容に対する現状の仕事の内容を明確にして、この内容を分かりやすくまとめて現状の領域に表現します。この時、文章で表現するよりは、あるべき姿に表現した内容と対比できる形で、できるだけイメージで表現したほうが第三者に理解されやすくなります。結果として、「あるべき姿に対して現状はこの程度のレベルまでしか実現できていないんだ」ということがよく分かるように表現することが大切です。

　そして、最後に考えなければならないことが問題ですが、メンテナンス型と違ってクリエイティブ型では、あるべき姿と現状とのギャップ、すなわちまだ実現できていない部分の内容を分かりやすく表現します。問題の領域がこのように表現されると、問題の領域と現状の領域の双方に表現されている各々の内容を足し合わせた内容は、あるべき姿の領域に表現されている内容とほぼ一致するようになります。また、問題の領域には、できるだけ悪しき事象を表現し

2.3 クリエイティブ型の問題解決パターン

ておくと、いっそうの理解に役立ちます。この悪しき事象には、既に発生している事象だけでなく、まだ発生していないが、今後発生が予測される事象も含まれます。しかも、この今後発生が予測される事象というのが重要で、この事象が発生する前に未然に解決してしまうことが問題解決の王道なのです。既に発生している今日的な問題を解決することも当然大事なことですが、未だ発生していない将来的な問題を解決することは、マネジメントの視点では、さらに重要なことです。

❖ まとめ

　以上があるべき姿起点型での問題解決フレームワークに関する考え方ですが、将来のあるべき姿を想像することで現状を変革してゆく、という進め方で検討する方法がクリエイティブ型の問題解決パターンです。このクリエイティブ型の問題解決パターンは、現状においてはまだ問題解決活動の主流にはなっていませんが、問題解決活動の王道的な取組みなので、この取組みを主流としてゆく努力が必要です。クリエイティブ型の問題解決パターンが主流になると、過去を向いた仕事ではなく、将来へ向けた仕事へと、仕事の取組み自体を大きく変革することができるようになります。

第3章

問題を発見する

3.1　問題とは何か

❖問題として思っていること

　私たちは「これは問題だ」とか「こんな問題がある」といったように、問題という言葉をよく口にします。しかし、この問題という言葉は非常に広く大きな概念をもっていて、一言で問題といってはいるものの、実は様々な内容を意味しているので留意することが必要です(図表3.1)。自分が問題と認識している内容と、自分以外の人たちが問題と認識している内容との間にずれがあると、考えていることや議論がかみ合わない、といったようなことがよく起こります。

　それでは、私たちはどのようなことを問題といっているのかについて、ここで考えてみましょう。例えば、私たちが問題といっていることが「分からないこと」を指している場合、これは疑問に感じていることや質問したいことなどを意味しています。もし、問題が「変わっていること」を指している場合には、異常な状態や逸脱した状態のことを意味しています。さらに、問題が「差し障りがあること」を指している場合には、障害になっていることや支障を来たしていることを意味しています。この他にも、「困っていること」「達成すべきこ

図表3.1 問題の種類

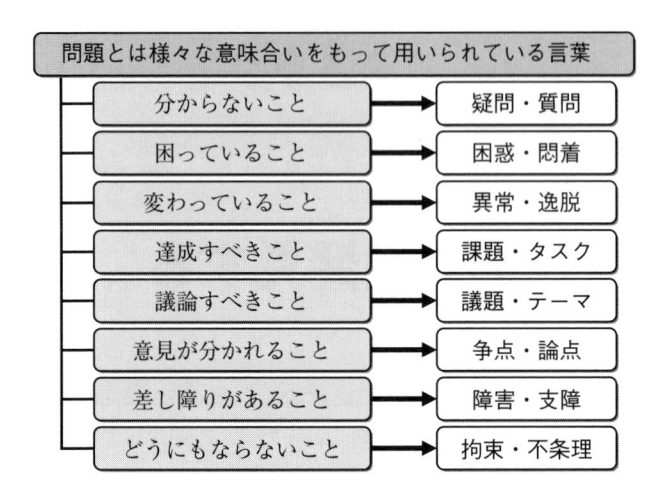

```
問題とは様々な意味合いをもって用いられている言葉
├─ 分からないこと       → 疑問・質問
├─ 困っていること       → 困惑・悶着
├─ 変わっていること     → 異常・逸脱
├─ 達成すべきこと       → 課題・タスク
├─ 議論すべきこと       → 議題・テーマ
├─ 意見が分かれること   → 争点・論点
├─ 差し障りがあること   → 障害・支障
└─ どうにもならないこと → 拘束・不条理
```

と」「議論すべきこと」「意見が分かれること」「どうにもならないこと」というような、様々なことに対して問題と思い、そして問題という言い方をしています。

❖問題を整合させる

このように、私たちは様々な観点から問題を認識しているので、問題に対して議論する時には、まずどのような問題を対象にしてこれから議論するのか、ということを明確にしてから議論を始める必要があります。しかし、議論している各メンバーの問題認識を整合させないまま議論を始めてしまうと、議論をしているうちに、次第にかみ合わなくなってきてしまいます。このようになってしまうと、議論の交通整理が都度必要となって、議論が行ったり来たりしてしまい、生産性がとても低い議論になってしまいます。会議がまとまりのつかない議論で終始してしまい、終わった後で、「この会議は一体何を議論したかったのか」と感じてしまうような会議に出席した経験があるかと思います。その一方で、てきぱきと議論が進み、結論も明確で、終わった後にスッキリする

ような会議に出席した経験もあるかと思います。この差は、議論を行うメンバー間で問題認識が整合していないことに原因があります。会議での議論だけでなく、仕事をするうえでも、特に問題解決のような問題そのものを取り扱うような活動においては、関係者の問題認識を一致させておくことが大切です。

❖問題解決に取り組む前に

　問題解決の第一歩は問題を認識することから始まるので、ここでの認識にずれが生じていると、後々の活動に大きな不整合を生じかねません。問題解決の取組みを始める時には、取り扱う問題に関する認識を各メンバー間で整合させておくことが大切です。問題という言葉が非常に広く大きな概念をもっているからこそ、何が問題であるのか、何を問題とするのか、なぜ問題とするのか、といったことを、まずはメンバー間で十分に理解納得したうえで、議論や活動という具体的な行動に入ってゆくことが必要です。

3.2　問題に気づく

❖問題意識をもつ

　問題に気づくということは問題解決に必要不可欠な要素であり、これなくしては問題解決が始まらないと断言できます。職場には、敏感に問題に気づく人とそうでない人がいますが、人によってどうしてこのような差が生じるのでしょうか。会議などで「何か問題がありますか？」という質問を投げ掛けた時、即座に答えが返ってくる人がいる一方で、答えが浮かばずにひたすら沈黙状態に入ってしまう人がいます。この差は何に起因しているのでしょうか。もしこれが、よく言われる問題意識の違いなのだとしたら、どうしたら問題意識をもつことができるのでしょうか。

　例えば、読者の皆さんの中には自家用車を所有している人が数多くいると思います。ここでその自家用車を購入した時のことを思い起こしてください。実

際に購入する前には、自分が欲しい車を頭の中で思い描いて、自動車のカタログを見たり、ディーラーの営業マンと話をしたり、様々なことを行ってきたと思います。このような時に散歩などで外に出掛けると、街中を走る自動車がとてもよく目に入ってきたことでしょう。前から向かってくる自動車や横を通り過ぎる自動車を見ては、車体がスマートだとか、色がきれいだとか、ホイールがカッコイイだとか、自動車という対象に対して、知らず知らずのうちに、色々と敏感に気づき感じている自分がいたと思います。なぜこの時、自動車に対してこのように敏感に感じることができたのでしょうか。

　もう一つ例を挙げると、住まいをお持ちの方は、住まいを手に入れた時のことを思い起こしてください。住まいを実際に手に入れるまでは、自分が住みたい家を頭の中で思い描いて色々な物件情報を見たり、不動産屋の営業マンと話をしたり、様々なことを行ってきたと思います。このような時に散歩などで外に出掛けてみると、街中に建つ家々がとてもよく目に入ってきたことでしょう。

　道の両側に立つ家々を見て、日当たりが良いだとか、壁の色がきれいだとか、屋根が素敵だとか、知らず知らずのうちに、色々なことに敏感に気づき感じている自分がいたと思います。なぜこの時、住まいに対してこのように敏感に感じることができたのでしょうか。

　このように、自動車や住まいに対して敏感に感じることができる時が問題意識をもっている状態なのですが、この状態に至るには自らの問題感情を引き起こすことが必要となります。

❖問題感情を引き起こす

　実は、自家用車を購入する時や住まいを手に入れる時には、非常に高いレベルで問題感情が働いていたと考えられます。自分が欲しくてたまらない物、簡単に買い替えができない物、大金を必要とする物、といったような様々な要素があるとは思いますが、できるだけ良い物や気に入った物を得たいということで、頭の中が一杯になっていたと思います。まさに、この「できるだけ良い物や気に入った物を得たい」という思いが問題感情を引き起こしていたのです。

問題感情が引き起こされると、頭の中に、欲しい情報を受信するためのアンテナが張り巡らされます。頭の中がこの状態になると、目や耳から入った情報が頭の中のアンテナの同調周波数と合致した時に、欲しい情報としてキャッチできるようになるのです。このようなアンテナが頭の中に張り巡らされていないと、どんなにためになる情報が目や耳に入ったとしても、その情報は頭の中でキャッチされずに、右から左のごとく何ら意識されずに頭の中から流れ出てしまいます。このようなことが、敏感に問題に気づく人とそうでない人の差となって現れているのです。

人間は、現金な生き物です。自家用車や住まいなどのように自分自身の利害に直接絡むような対象に対しては、特に意識しないでいても、自然に問題感情が湧き出てきます。ところが、これが会社の仕事のように自分自身の利害に直接絡みにくいような対象物に対しては、多くのケースで自然に問題感情が湧き出てくるようなことは稀です。しかも、そのような状態を意識してつくることは、相当に難しいことです。

それでは、一体どのようにしたら会社の仕事においても問題意識が湧き出てきて、頭の中にアンテナを張り巡らすことができるのでしょうか。会社からお給料をもらっているのだからそれに見合った働きをすべきである、といったような意識づけ程度のことで問題感情が湧き出てくるようなら、既に多くの人たちが問題感情をもてているはずです。

❖自分の仕事で問題感情を醸成する

会社の仕事に対して問題感情が湧き出てくるようにするには、自家用車を購入しようとしている時や住まいを手に入れる時と同じように、まずは問題感情をもって会社の仕事に取り組むことから始めれば良いのです。では、どのようにすれば、そのような問題感情をもって、仕事に取り組むことができるのでしょうか。実は、問題感情は、好奇心や探究心によって引き起こすことができます。

好奇心とは物事に興味をもつことであり、探究心とは物事を深く追い求める

ことといえます。つまり、自家用車を購入しようとしている時には、自分にとって良い自動車や気に入った自動車を買うために、自動車に興味をもって、自動車を深く追い求めようとしています。住まいを購入しようとしている時には、自分にとって良い住まいや気に入った住まいを得るために、住まいに興味をもって住まいを深く追い求めようとしています。

　ということは、仕事をしようとしている時にも、自分にとって良い仕事や気に入った仕事をするために、仕事に興味をもって、仕事を深く追い求めようとすれば良いのです。与えられた仕事に取り組むことを通じて会社に貢献するだけでなく、自分にとって良い仕事や気に入った仕事に取り組むことを通じて、お客様に貢献することを考えれば良いのです。このような取組みを、自発的にできるようになると、自分の仕事に対して好奇心や探究心が芽生えて、自分の仕事に対して問題意識を引き起こすことができるようになります。

❖問題意識を進化させる

　このようにして、好奇心や探究心によって問題感情が引き起こされてくると、「感じる⇒思う⇒考える」という段階を経て、次第に問題意識が醸成されてきます(図表3.2)。感じるとは、問題を五感で感じる段階で、「何だか変だぞ？」と感覚レベルで問題に気づき始める状態です。思うとは、問題を心の中で思う段階で、「何かおかしいぞ？」と知覚レベルで問題に気づき始める状態です。考えるとは、問題を頭の中で考える段階で、「何かありそうだぞ？」と認識レベルで問題に気づき始める状態です。そして、この過程をとおして問題意識が醸成されたら、頭の中を整理するために、「何が問題であるのか？」「何を問題とするのか？」「なぜ問題とするのか？」と改めて考えることで、問題の全体像を捉えて、自分の意志として問題を受け止めるようになります。

❖部下のマネジメントの話

　具体例で説明してみましょう。ここに、職場のメンバーに対して常に好奇心と探究心をもって問題感情を働かせている上司がいます。感じるとは、この

3.2 問題に気づく

図表 3.2 問題を認識するための意識の進化プロセス

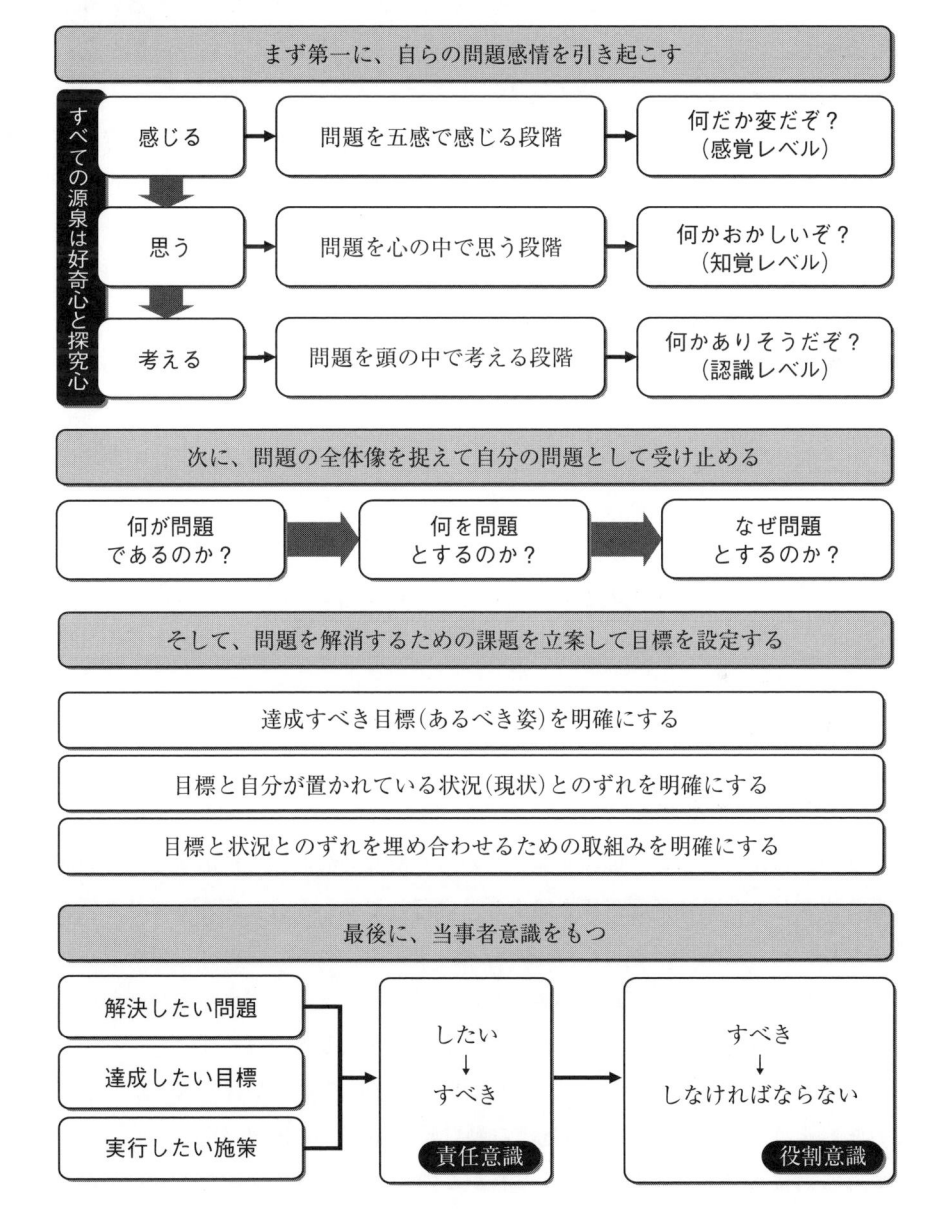

まず第一に、自らの問題感情を引き起こす

感じる	問題を五感で感じる段階	何だか変だぞ？（感覚レベル）
思う	問題を心の中で思う段階	何かおかしいぞ？（知覚レベル）
考える	問題を頭の中で考える段階	何かありそうだぞ？（認識レベル）

すべての源泉は好奇心と探究心

次に、問題の全体像を捉えて自分の問題として受け止める

何が問題であるのか？ → 何を問題とするのか？ → なぜ問題とするのか？

そして、問題を解消するための課題を立案して目標を設定する

- 達成すべき目標（あるべき姿）を明確にする
- 目標と自分が置かれている状況（現状）とのずれを明確にする
- 目標と状況とのずれを埋め合わせるための取組みを明確にする

最後に、当事者意識をもつ

- 解決したい問題
- 達成したい目標
- 実行したい施策

→ したい → すべき（責任意識） → すべき → しなければならない（役割意識）

47

上司が、「A君は近ごろ元気がない」ということに気づくことです。思うとは、この上司が、「A君は近ごろ出勤が遅くなって退社が早まっている」ということを知ることです。考えるとは、この上司が、「A君は近ごろ勤怠時間が乱れて休暇が増えている」ということが分かることです。この段階になると、「A君に何かあったのかも知れない」という形で上司にA君に対する問題意識が醸成されてきます。そして、上司が次のように考えることで頭の中が整理され、A君の近ごろの状態を自分の問題として捉えることができるようになり、受け止めることができるようになります。

- 何が問題であるのか？　⇒　A君は近ごろ元気がない。
- 何を問題とするのか？　⇒　A君は近ごろ出勤が遅くなって退社が早まっている。
- なぜ問題とするのか？　⇒　A君は近ごろ勤怠時間が乱れて休暇が増えている。

　ここで大切なことは、このような形で上司が問題意識を醸成するようにするためには、何よりもまず上司が好奇心と探究心をもって問題感情を働かせていることが必要です。上司にこのような問題感情が働いていないと、上司の目に映っているA君の変化が上司は認識できず、何事もなかったかのように時が過ぎてしまって、いま起きている問題が見過ごされることになってしまいます。

❖当事者意識をもつ

　問題意識にもとづいて問題を発見したら、次はこの問題を解消するための課題を立案して、具体的な目標を設定し、実行してゆかなければなりません。このためには、達成すべき目標（あるべき姿）を明確にして、目標と自分が置かれている状況（現状）とのずれを明確にして、目標と状況とのずれを埋め合わせるための取組みを明確にするという一連の取組みが必要となります。

　ここで、問題解決フレームワークの出番となります。A君の例で説明してみましょう。問題は、「A君は近ごろ勤怠時間が乱れて休暇が増えている」ということになります。現状は、「A君がこのような状態に陥ったことに関連す

る現在の仕事や家庭生活の状況」ということになります。あるべき姿は、「A君が元気な姿を取り戻せるようにするための、実現すべき仕事や家庭生活の状況」ということになります。課題は、「現在の仕事や家庭生活の状況を実現すべき仕事や家庭生活の状況へと変えること」ということになり、この課題を解決するための取組みを明確にして、実行してゆけば良い訳です。

　このようにして、問題感情を引き起こして問題意識を醸成し、問題解決フレームワークを使って、解決したい問題、達成したい目標、実行したい施策を明確にすることができます。ここまで来たら、あるべき姿の実現へ向けて実行あるのみですが、最後に必要なのが、当事者意識をもつことです。まずは、発見した問題を「解決したい」という段階から「解決すべき」という段階へマインドを引き上げることで、責任意識を醸成することができます。さらに、「解決すべき」という段階から「解決しなければならない」という段階へマインドを引き上げることで、役割意識を醸成することができます。この段階までマインドを引き上げることができると、使命感をもって課題解決に取り組んでゆくことができるようになります。

　問題に気づくということは、単に問題に気づいたというだけに留まらず、気づいた問題に関して使命感をもって課題解決に取り組んでゆくというマインド形成までを包含した、広い意味で問題を認識するということです。

3.3　問題に取り組む時のポイント

❖問題解決への取組みにおける2つの要素

　問題解決を分かりやすく表現すると、まずは問題を見つけて、次にその問題を解く、という2つの要素で成り立っているといえます。この2つの要素をうまく攻略できれば、問題解決はそれほど難しいことではなく、比較的容易に取り組むことができます。それでは、この2つの要素をもとにして、実際に問題解決に取り組む時のポイントについて考えてみます（図表3.3）。

第3章　問題を発見する

❖問題を見つける

　第一の要素である「まずは問題を見つける」という点について考えてみましょう。問題解決は「問題を発見できなければ始まらない」といわれるほど問題を発見することが大事です。それでは、どのようにすれば問題をうまく見つけることができるのでしょうか。問題感情を醸成することは当然のこととして、ここでは仕事や現場を実際に見る時の視点がポイントになります。

　例えば、「やりにくい仕事はないか？」という視点で仕事や現場をよく観察してみてください。すると、頭の中にやりにくい仕事というアンテナが張られるようになり、ちょっとした小さなところからとても大きなところまで、色々なことにフォーカスが当たってきます。つまり、ものがよく見えるようになります。例えば、現場で使う工具類や文房具類が整頓されていないため、欲しいものが直ぐに取り出し難くなっており、無駄な作業時間が発生している、ということが、視界の中で認識できる形で見えてくるようになります。

　問題を見つけるには、このような視点をもつことが大切です。「他にも、困っている点はないか？」「上司から期待されていることはできているか？」「他と比較して見劣りすることはないか？」といったように、様々な視点が考えられます。図表3.3に主だったものを問題探しの10のキーワードとしてリストアップしておきましたので、活用してみてください。ここにリストアップされた10のキーワード以外にもたくさんのキーワードが存在すると思いますが、このようにして、仕事や現場でものを見る視点が豊富になってくるほど、問題を見つける力が向上してゆきます。

❖問題を解く

　第二の要素である「次にその問題を解く」という点について考えてみましょう。問題解決は文字通り問題が解決できなければ終わらないので、まずは問題を解決することが大切です。それでは、一体どのようにすれば、問題をうまく解決することができるのでしょうか。ここでは仕事に取り組んでいる実際の現

3.3 問題に取り組む時のポイント

図表 3.3　問題解決取組み時のポイント

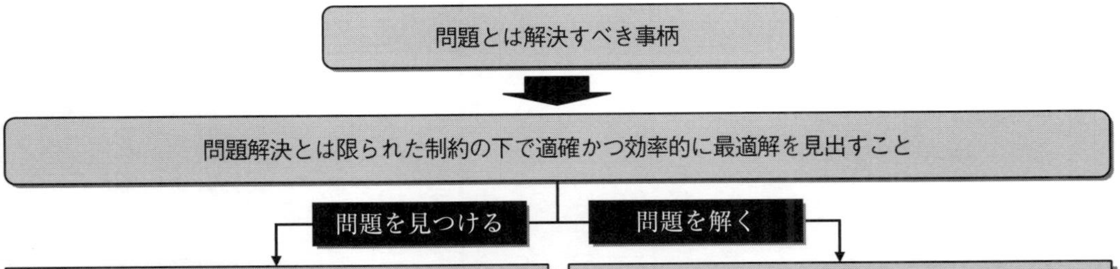

問題とは解決すべき事柄

↓

問題解決とは限られた制約の下で適確かつ効率的に最適解を見出すこと

問題を見つける

問題探しの10のキーワード
- やりにくい仕事はないか？
- 困っている点はないか？
- 楽になる点はないか？
- 他部門に迷惑をかけていないか？
- 上司から期待されていることはできているか？
- 満足のいく仕事はできているか？
- お客様や関連部門からクレームはないか？
- 自分たちの役割は果たせているか？
- 見直しをしていない規則やルールはないか？
- 他と比較して見劣りすることはないか？

問題を解く

問題解決の10のボトルネック
- 抽象的思考に慣れて具体的に考えられない
- 既成概念にとらわれている
- 手段がいつの間にか目的化してしまう
- 失敗を恐れる心が発想を阻害してしまう
- 組織の風土と価値観が障壁になってしまう
- 自分たちだけで取り組もうとして発想を狭めてしまう
- 解決の余地の大きさの見極めができない
- プライドや面子にこだわってしまう
- 過去の成功体験にとらわれている
- 問題解決の定石などの方法論を知らない

第3章　問題を発見する

場の状態がポイントになります。

　例えば、抽象的思考に慣れて具体的に考えられない、といった職場になっていないか、という視点で職場をよく観察してみてください。具体的に考えるということは意外と難しく、現場・現物・現実のいわゆる三現主義で現場を把握したり、事実やデータをもとにして現場を見える化したり、論理的思考を展開したり、といったことが必要となります。このようなことが十分にできていないことを、抽象的思考という曖昧な考えでごまかしている場合が多々見受けられます。将来像を考える場合など、時には抽象的思考が大切とされる場合もありますが、問題を解決するという段階においては、抽象的思考は問題の本質を曖昧にしてしまうので害となる恐れがあります。

　このように、現場には問題を解決する時に妨げとなる事象が数多く存在しており、他にも「既成概念にとらわれている」「手段がいつの間にか目的化してしまう」「過去の成功体験にとらわれている」など、様々な事象が考えられます。図表3.3に主だったものを問題解決の10のボトルネックとしてリストアップしますので、活用してみてください。ここにリストアップされた10のボトルネック以外にもたくさんのボトルネックが存在すると思います。問題解決とは、見つけた問題だけでなく、現場に存在する問題解決の妨げとなる事象を解決してゆくことでもあるので、問題解決をとおして現場を変革する力が向上してゆきます。

3.4　問題発生の基本パターン

❖時系列で見た問題の発生傾向

　問題が発生するパターンを類型的に分類すると、①突発型、②変動型、③慢性型の3つに分けられます(図表3.4)。突発型とは、いままでほとんど問題がなかった状態であったのに、ある日ある時突然に問題が発生し始めた状態をいいます。変動型とは、問題が発生したり発生しなかったりといった状態が、交

3.4 問題発生の基本パターン

図表3.4　時間軸で見た問題発生の基本パターン

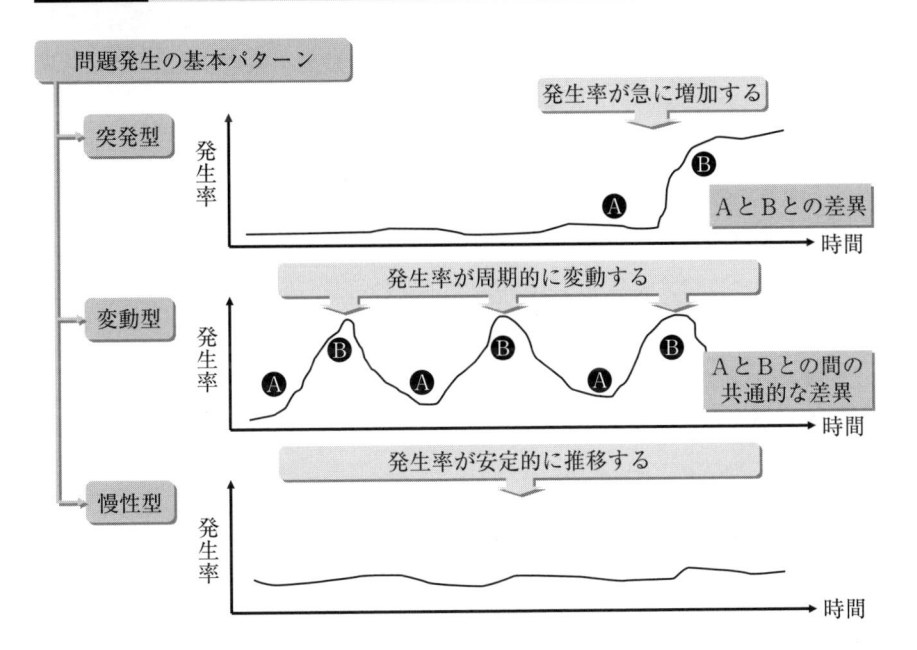

- 問題発生の基本パターン
  - 突発型：発生率が急に増加する（AとBとの差異）
  - 変動型：発生率が周期的に変動する（AとBとの間の共通的な差異）
  - 慢性型：発生率が安定的に推移する

互に、場合によっては定期的に繰り返されている状態をいいます。慢性型とは、ダラダラと比較的低レベルで問題が恒常的に発生している状態をいいます。時間軸で問題の発生状況を見たうえで、このような3つのパターンで分類できると、その後の問題解決に大いに役立ちます。

各々のパターンを具体例で説明してみましょう。突発型の例としては、伝染病のように、病原体の感染が引き金になって急に患者が増加するという例があります。変動型の例としては、火災のように、ストーブの使用頻度が高まる冬場になると多発するが、ストーブがほとんど使用されない夏場になると発生し難くなるという例があります。慢性型の例としては、交通事故のように常に一定のレベルで発生するという例があります。

このような発生パターンで問題を分類できると、問題解決に取り組みやすくなります。突発型の場合には、問題が急に増加した時点を境にして、それ以前

の問題が発生していなかった時期と、それ以後の問題が発生してしまった時期とに分けて、両者間に一体どのような変化があったのかについて、徹底した比較検討を行うことになります。この徹底した比較検討を通じて見出された差異が、問題を発生させた原因の候補と考えられます。

例えば、突発型の例で示した伝染病の場合、良かった時期と悪くなった時期との徹底比較によって、もし海外旅行経験の有無が差異と判明したら、海外旅行の場所や食事内容などを調査してゆくことで、原因に辿りつく可能性があります。このように、突発型に分類された問題に対しては、比較検討という手段を使って簡単かつほぼ確実に、原因を追求することができます。

変動型の場合には、多発時期とそれ以外の時期とに分けて、両者間に一体どのような変化があったのかについて徹底した比較検討を行うことになります。例えば、火災の場合でいえば、冬場と夏場との徹底比較によって、もしストーブ使用率が差異と判明したら、ストーブの種類や設置場所などを調査してゆくことで原因に辿りつく可能性があります。このように、変動型とはいっても、進め方は突発型の時とまったく同様です。

慢性型の場合には、ダラダラと比較的低レベルで問題が恒常的に発生しているので、突発型や変動型のように、問題の多発時期とそれ以外の時期との仕分けができないので、徹底比較という手段を使えません。したがって、結果として技術的なアプローチで取り組まざるを得ない状況になります。このようなアプローチでは多大な労力と時間を要する割には解決に至らない、というケースがよくあります。そこで、問題解決的なアプローチとしてできることは、現状分析を徹底的にやり直すことで、発生状況を突発型や変動型のパターンに追い込めるか否かを見極めることです。

❖ヒーターの改善事例——慢性型トラブルに対する統計的なアプローチの活用

慢性型の問題に対して、問題解決的アプローチで臨んで解決した事例を紹介します。熱源となるヒーターを製造販売している某メーカーのある製品が、市

3.4 問題発生の基本パターン

場で慢性的にトラブルを発生していました。某メーカーの技術陣は故障解析を通じて技術的なアプローチで原因を究明しながら、主に技術面からの対策を実施してきました。しかし、この慢性的なトラブルは長年にわたって一向に改善されることはありませんでした。これまでにも、様々な先生方の指導も受けてきたそうですが、相変わらず大きな改善効果を得ることができませんでした。

　ある日、あることが切っ掛けとなって、某メーカーはこれまでとはまったく違ったアプローチで、技術陣が総力を挙げて問題解決に取り組むことになりました。まず、ヒーター納入先の会社から、市場でトラブルを起こしたヒーターの現物を、市場での使用実績データとセットした形で100件以上入手しました。現場、現物、現実で市場トラブルに向き合い始めたのです。そして、市場でトラブルを起こしたヒーターの現物に対して可能な限りの計測を実施することで、これもまた100項目以上に上る数値データを収集したのです。事実データにも向き合い始めたのです。そして、ここから先は技術的な感性をいっさい排除して、統計的なアプローチで原因究明に取り組みました。具体的には、市場から入手した100件以上の使用実績データと、市場でトラブルを起こしたヒーターから入手した100項目以上の現物計測データを使って、多変量解析という手法を活用した数値解析を行いました。分かりやすくいうと、ヒーターの現物計測データと使用実績データとの間の相関関係を調べたのです。

　その結果、分析したコンピュータから、まったく予想していなかった結果が出てきたのです。これまで、某メーカーの技術陣がまったく考えていなかった、「ヒーターの外形寸法が原因である」という分析結果が出てきてしまったのです。この結果を見た某メーカーの技術部長が、「こんなのウソや！」と思わず叫んでしまったほど、予想外の結果でした。統計的なアプローチでここまで分かったら、ここからは技術的なアプローチの出番です。ヒーターの外形寸法が、なぜトラブルの原因となるのかについて、1週間の期限で技術的に解明することが、某メーカーの技術陣への宿題になりました。

　その結果、1週間後に開かれた報告会において、某メーカーの技術陣より、ヒーターの外形寸法がトラブルの原因であることが技術的に判明した、との報

告がなされました。その後に実施されたトラブル再現実験においても、これまでまったく再現できなかったトラブルが、いとも簡単に再現できたのです。この結果を踏まえて即対策導入となり、長年にわたって発生していた市場トラブルが、やっとのことで改善できたのです。

この事例では、技術者の固有技術というものが、物事を深く掘り下げることが必要な場合にはうまく機能するが、物事の視野を広げることが必要な場合には逆に弊害となることがある、ということが分かります。慢性型のトラブルといわれているものの中には、技術者のこのような弊害に起因している事例が多々あると思います。このような弊害を克服するには、技術者の固有技術に頼り過ぎないように統計的なアプローチを上手に活用することがポイントです。

3.5　良い子と悪い子を層別して比較する

❖良い子と悪い子

ここで一つ、良い子と悪い子という言葉を定義します。良い子とは問題が発生しない、もしくは相対的に少ない状態の集団を指し、悪い子とは問題が発生している、もしくは相対的に多い状態の集団を指します。これから、この良い子と悪い子という言葉が時々出てくるので、このように理解してください。したがって、3.4節「問題発生の基本パターン」で説明した突発型や変動型においては、問題の発生が低レベルである時期が良い子であり、それ以外の時期が悪い子となります。

❖良い子と悪い子の層別

それでは、**図表3.5**の左上の散布図のように良い子と悪い子が分布している状態を例にして、層別の概念と問題解決における層別の大切さについて考えてみましょう。この散布図においては、○を良い子、●を悪い子としますが、外目からは良い子と悪い子との区別は一切できないものとします。散布図のX

3.5 良い子と悪い子を層別して比較する

図表 3.5　良い子と悪い子の比較による原因究明

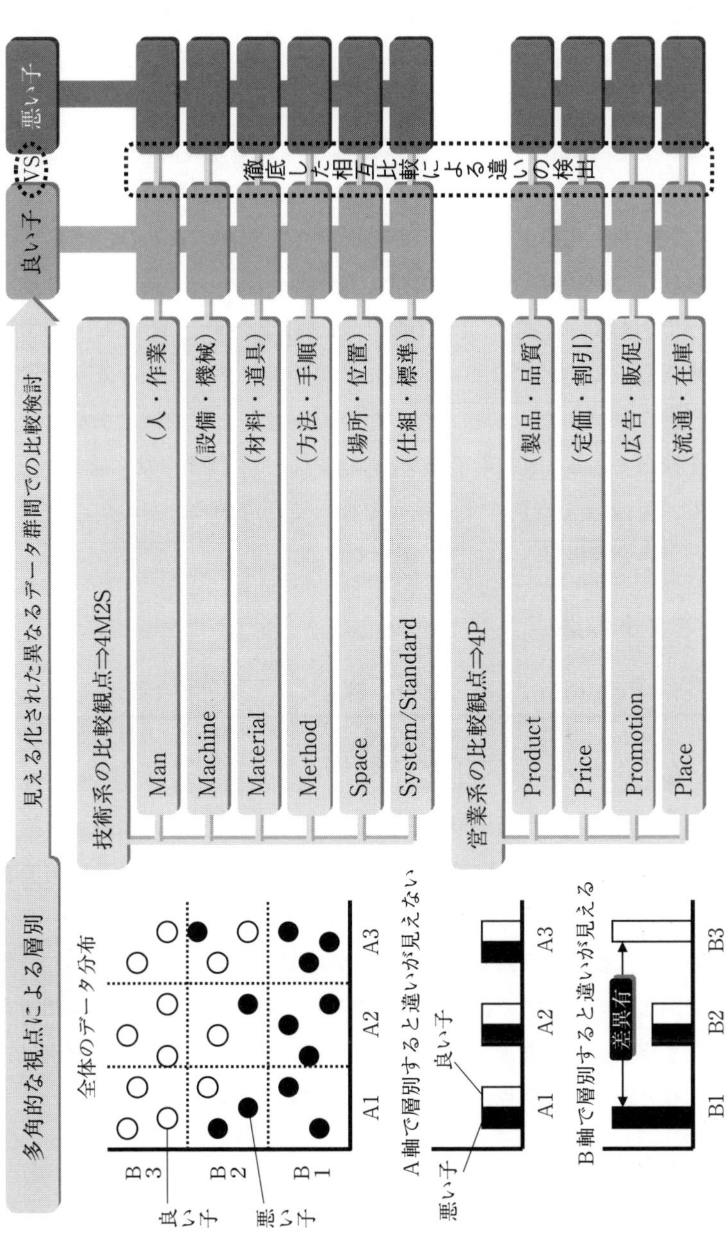

多角的な視点による層別

全体のデータ分布

良い子 ○○○○
B3　　○○○○
　　　○○●○
B2　　○○●●
　　　●○●●
悪い子 B1 ●●●●
　　　　A1　A2　A3

A軸で層別すると違いが見えない

良い子
　　　A1　A2　A3
悪い子

B軸で層別すると違いが見える　差異有

B1　B2　B3

見える化された異なるデータ群間での比較検討

良い子 VS 悪い子

徹底した相互比較による違いの検出

技術系の比較観点⇒4M2S

Man　　　　　（人・作業）
Machine　　　（設備・機械）
Material　　　（材料・道具）
Method　　　 （方法・手順）
Space　　　　（場所・位置）
System/Standard（仕組・標準）

営業系の比較観点⇒4P

Product　　（製品・品質）
Price　　　（定価・割引）
Promotion　（広告・販促）
Place　　　（流通・在庫）

軸は要因Aで、Y軸は要因Bで構成されており、各々が3区分されています。まず、X軸の要因Aについて層別、すなわち各区分ごとの度数分布を調べてみると、A1～A3のすべての区分で総計が同数になっており、しかも良い子と悪い子の内訳も、まったく同数になっていることが分かります。このような状態では、A1～A3の各区分がすべて同じ内容になっているので、各区分間で比較検討しても差異を検出できません。次に、Y軸の要因Bについて同様に各区分ごとの度数分布を調べてみると、B1～B3についての総計は同数になっていますが、B1は良い子だけ、B3は悪い子だけ、という形で内訳がまったく異なった内容になっていることが分かります。このような状態になるとB1とB3はまったく別物となるため、両者間を比較検討すると、何らかの差異を検出できるようになります。つまり、元々はまったく同じデータ群であっても、要因Aで層別すると差異を検出できなかったものが、要因Bで層別すると差異を検出できるようになります。

❖ メタボの話

具体例で説明してみましょう。例えば、このデータ群が成人のメタボ（メタボリックシンドロームの略）状態を調べたもので、○の良い子はメタボでない人、●の悪い子はメタボになっている人、要因Aは身長、要因Bは運動量とします。要因Aの身長で層別してもメタボの発生率には差異を検出できませんが、要因Bの運動量で層別するとメタボ発生率の差異を検出できるようになります。このように、身長で層別して差異を検出できないからデータはすべて同様と、軽々に判断してはいけないのです。その他に考えられる様々な要因で層別し直すことで、結果として運動量で層別すると差異を検出できる、といったような結論を導き出すことが必要なのです。とにかく、層別は、考えられるありとあらゆる視点から、徹底的に実施することが必要です。

❖ 4M2S と 4P

このように、多角的な視点から層別を駆使することで、全体を良い子と悪

3.5 良い子と悪い子を層別して比較する

い子とに仕分けすることができれば、その後は良い子と悪い子との比較検討に持ち込める訳です。この良い子と悪い子を比較する時に、4M2Sと4Pという考え方が役立ちます。これはばらつきを抑えるための重要な管理要素を集めたものといえます。4M2Sとは生産現場でよく使われている考え方で、Man、Machine、Material、Method、Space、System/Standardの各々の頭文字をとったものです。Manとは人や作業を、Machineとは設備や機械を、Materialとは材料や道具を、Methodとは方法や手順を、Spaceとは場所や位置を、System/Standardとは仕組みや標準を、各々示しています。一方、4Pとは営業の現場でよく使われている考え方で、Product、Price、Promotion、Placeの各々の頭文字をとったものです。Productとは製品や品質を、Priceとは定価や割引を、Promotionとは広告・販促を、Placeとは流通・在庫を、各々示しています。

❖良い子と悪い子との比較

ここで、4M2Sをもとにして、良い子と悪い子との比較検討について考えてみましょう。良い子と悪い子を比較検討する目的は、両者間の比較を通じて、良い子と悪い子とに分かれた要因を見つけ出すことです。比較検討のやり方は、4M2Sの各要素にフォーカスして、両者間に違いがあるか否かを比較してゆけば良い訳です。

それでは、先ほどのメタボの例を使って、4M2Sで比較検討を行ってみましょう。メタボの発生率は運動量で層別すると差異を検出できることが分かっているので、差異要因を見つけ出すポイントは、「なぜ運動量差が発生するのか」ということになります。「なぜ運動量がばらつくのか」と言い換えても良いと思います。

まずはMan、すなわち人や作業にフォーカスして差異要因を探ります。例えば、性別、年齢、出生地、通勤時間、運動習慣など、様々な要因を書き出すことができます。そして、この各要因の一つひとつに対して、良い子と悪い子とで差異があるか否かを確認してゆけば良い訳です。

第3章 問題を発見する

　では、まず始めに性別を取り上げてみましょう。性別では、例えば良い子と悪い子の男女構成比率を比較するといった具合になります。もしここで、「良い子は女性比率が高いが、悪い子は男性比率が高い」といったような状態が見られたら、性別をここでの原因と見做すことができます。しかし、ここで問題があります。性別が原因だといわれても、性別はコントロールできるのでしょうか。現在の医学は性別を物理的にコントロールできてしまいますが、本質的にはコントロールすることはできません。このように、性別のようなコントロールできない要因を取り上げたとしても、何ら対策を打つことができないため、結果として意味がないことになってしまいます。

　では、今度は運動習慣を取り上げてみましょう。性別とは違って、運動習慣ならコントロールできそうです。運動習慣では、例えば1週間の運動時間を比較するという具合になります。もしここで、「良い子は運動時間が多いが、悪い子は運動時間が少ない」といったような状態が見られたら、運動時間をここでの原因と見做すことができます。すなわち、「悪い子の運動時間を良い子の運動時間と同等以上にすれば良い」と考えることができます。

　このようにして、Man に関する他の差異要因について、さらには、Machine、Material など 4M2S の他の要素について、コントロールできる要因に対して良い子と悪い子との比較検討を順次行ってゆくことで、いくつかの原因を見つけ出すことができるようになります。これは 4P の場合も同様です。

　ただし、ここで一つ注意が必要です。Machine、すなわち設備や機械にフォーカスしてメタボの差異要因を探る時などは、メタボとの関係がピンとこないかも知れません。設備や機械って何を考えれば良いのか、少々分かり難いと思います。System/Standard、すなわち仕組みや標準にフォーカスしてメタボの差異要因を探る時なども、同様にメタボとの関係がピンとこないかも知れません。仕組みや標準って何を考えれば良いのか、とても分かり難いと思います。設備や機械程度ならこれらに類するもの、例えば、自家用車やエレベーター、多少拡大解釈して考えてみると、様々なものが浮かんでくると思います。自家用車やエレベーターでは利用頻度を比較する、といったようなことになる

と思います。ところが、仕組みや標準となると、拡大解釈してもなかなか浮かんでこないと思います。このような場合には、その要素に対してそれ以上無理に考えようとしないで、他の考えやすい要素に対して考えるようにしてください。要は、4M2Sのすべての要素に対して差異要因を探ることが目的ではなく、問題として取り上げているメタボに関連する差異要因を見出すことが目的である、ということを忘れないことです。

❖要因検証による原因の特定

このようにして、4M2Sや4P、そして、必要に応じてその他の観点からの良い子と悪い子との比較検討を通じて、要因の中から原因を特定してゆく取組みを要因検証とよびます。この要因検証を通じて要因の中から原因を特定しておくことで、対策を実施する対象を明確にすることができます。そして、この特定された原因に対して確実な対策を実施することで、問題を解決することができるのです。

❖確実な対策につなげる

要因検証を実施することなしに、原因であることが特定されていない要因に対して、思い込みで対策を実施してしまうケースがよく見受けられます。これはKKD、勘(K)と経験(K)と度胸(D)といわれるよくある取組み方で、熟練者がよく辿る道です。客観的な根拠が乏しい中で、自分自身が根拠といった考え方で対策を実施してしまうことを指します。このようなことが時には功を奏する場合もありますが、決して推奨できる取組み方ではありません。このようなやり方で対策を実施したとしても、対策に費やした経営資源が無駄となってしまう可能性が高くなるだけです。現場、現物、現実に焦点を当てて、事実データをもとにした確実な取組みを行うことが大切です。

❖織田信長の話

ここでちょっと一息ということで、日本の戦国時代に活躍した武将にまつわ

第3章 問題を発見する

る逸話を紹介します。戦国時代の武将といえば何といっても織田信長ですが、豊臣秀吉が織田信長の家来であった頃のお話です。秀吉は相当に食通であったらしく、お抱えの料理人が何人もいたそうです。その中には特に腕利きの、秀吉が自慢としている料理人がいたらしく、秀吉はその料理人がつくった料理を親方様として心酔している信長にご馳走しようと思い、ある日のこと、信長を食事に接待したそうです。

秀吉はその料理人がつくった料理を、満を持して信長に差し出しました。信長は差し出された料理を口にした瞬間、「何だこの料理は！」と言って、烈火のごとく怒ったそうです。大変なことになってしまったと秀吉が平謝りする中で、その料理人は恐る恐る料理を下げながら台所へ戻りました。その料理人は考えた末に、信長が口にした料理にちょっとしたことを施しました。そして、秀吉とともに、お詫び方々、その料理を再び信長に差し出しました。気を取り戻した信長がその料理を口にしたところ、今度は「これは美味じゃ！」といって大変満足したそうです。

お話はここで終わりですが、その料理人は、考えた末に一体どのようなことをその料理に施したのでしょうか。実は、その料理に塩を少々振り掛けただけだったのです。たったこれだけのことで、料理に対する信長の評価を「何だこの料理は！」から「これは美味じゃ！」へと瞬時に変えてしまったのです。なぜその料理人は、料理に塩を振り掛けることを思いついたのでしょうか。

この料理人は、自分がつくった料理が信長の口に合わなかった、という悪しき事象を問題として、頭の中で4M2Sの観点から徹底的に差異分析を行ったのだと思います。ひょっとするとこの料理人は、この時の良い子は、秀吉が自分の料理を褒め称えてくれている状態であり、これに対して悪い子は、信長が自分の料理を罵倒している状態である、と考えたのかも知れません。そして、この良い子と悪い子との間にどのような差異があったのかについて、4M2Sの一つひとつの要素ごとに、頭の中で必死に考えたのだと思います。

すると、その料理人は、用いた調理器具(Machine)、使った材料(Material)、行った料理方法(Method)、料理した場所(Space)、接待の進め方(System/

Standard)の何処にも違いが見当たらず、唯一の違いとして、料理を口にした人(Man)、に目をつけたのです。そして、その料理人は、唯一の差異要因である信長と秀吉の2人を徹底的に比較することで、両者間の差異を見出そうとしたのです。まさに、4M2SのMan(人)の要素から差異を分析することで、原因追究を行ったのです。その結果、その料理人には、信長と秀吉の2人の間に存在する人間性の違いが見えてきたのです。「鳴かぬなら殺してしまえホトトギス」というくらいに短気で激しい信長の気質と、「鳴かぬなら鳴かせてみせようホトトギス」という比較的気長な秀吉の気質の違いに着目したのです。

料理の味わい方は気質に関係していて、短気な人は料理を口に入れて直ぐに味が分かるような濃い味を、気長な人は料理を口に入れた後にじっくりと味わえるような薄い味を、各々好むとよくいわれます。その料理人は、気長な秀吉は自分の料理の薄い味を好んでいたのであり、短気な信長がもし濃い味を好んでいるとしたら、自分の料理の味が信長の口に合うはずがない、という結論を見出したのです。

信長と秀吉との比較分析を通じて、問題の原因が究明できました。原因を究明できたら、後は対策です。その料理人は、自分がつくった料理はそのままの状態で、その料理に塩を少々振り掛けるという対策を実施したのです。その結果、出し直された料理を口にした短気な信長は、口に入れた瞬間直ぐに味を感じることができるようになったので、今度は「これは美味じゃ！」と料理に満足したということです。良い子と悪い子を4M2Sの観点から比較検討することを通じて問題を究明するということは、このようなことなのです。

3.6　環境与件を認識する

❖変革に取り組む

問題を認識するためには、これまで説明してきたような現状を分析して認識するやり方だけでなく、あるべき姿を想像して現状とのギャップとして認識す

るやり方があります。前者の現状を分析をとおして問題を認識する方法では、現状がベースとなっていることから、大きな変化が期待できません。このことは、2.1節「問題解決フレームワークの活用」のところで、メンテナンス型の問題解決として説明しました。一方、後者のあるべき姿を想像して現状とのギャップとして問題を認識する方法では、現状ではなくあるべき姿がベースとなっていることから、大きな変化を期待することができます。このことは、2.1節のところで、クリエイティブ型の問題解決として説明しました。このやり方では、いわゆる変革レベルの変化を引き起こせるようになります。そこで、変革レベルの変化を引き起こすために、クリエイティブ型の問題解決、すなわち、あるべき姿を想像して現状とのギャップとして問題を認識する方法について説明します。

❖環境与件を考える

2.1節のところで説明した環境与件認識シートを思い出してください。この環境与件認識シートには、あるべき姿を想像するための主要な観点として、①将来の夢、②環境変化、③原理・原則、④顧客満足、⑤効果・効率の5項目の要素が明記されています。あるべき姿を想像するために、この5項目の要素を通じて環境与件を認識してみましょう。

「将来の夢」とは、自分が常日頃からビジョンとして描いている、いつか取り組んでみたいと思っていることや、いつか実現してみたいと思っていることなどです。あくまでも夢なので、できる限り大きく広い視野で物事を捉えて、良い意味で現実離れしていることが大切です。この内容が現実に近くなるほど飛躍が期待できなくなって、面白味がないものになってしまいます。ここで大切なことは思いです。思いなくして目標なし、目標なくして計画なし、計画なくして実行なし、実行なくして実績なし、実績なくして成果なし、といわれるくらい、まずは思いをもって夢を語れるようになることが大切です。

「環境変化」とは、自分を、仕事を、職場を、会社を取巻く様々な環境が現在、さらには将来にわたってどのように変化するのか、変化しているのか、そ

してそれに伴ってどのようなリスクが考えられるのか、などについてアセスメントした結果のことです。ここでは、客観情勢を事実やデータできちんと捉えるとともに、予測される変化を筋道を立てて洞察することが大切です。さらに、事実と予測とを明確に区別できるようにしておくことが必要です。よくリスクを避けるという言い方をしますが、これは決して正しい考え方であるとはいえません。リスクを避けるということは安全な道を選ぶということですが、いつも安全な道ばかりを選んでいて良いのでしょうか。このようなことばかりを続けていたら、成果は着実に得られるのかも知れませんが、その内容はありきたりで、それほど高いレベルにはなりません。むしろ、リスクは積極的に対応してゆくものであると考えましょう。リスクであるからこそ、それに対応し切れたとしたら、その成果はこれまで誰にも成し得なかったような内容で、しかもこれまでにない高いレベルの成果を期待できるようになります。リスクに対して適確に対応できるようになるためには、問題解決力をしっかりと身につけておくことが大事です。

　「原理・原則」とは、自分が担当している業務の本質、すなわち肝となる要素のことで、これなくしては業務が成り立たない、成果につながらないといったようなKFS(Key Factor of Success)、いわゆる成功のカギとされるものです。必ずしも強みが対象となるものではなく、逆に弱みが対象となることもあります。とにかく、業務の成果を高めるための真の本質をきちんと見極めておくことが大切です。日本刀の世界で名刀といわれているものに、村正と正宗という刀があります。同じ刀であるのに、村正は人を切ることを目的としてつくられており、正宗は自分を守ることを目的としてつくられている、といわれています。この結果、村正は切れ味を高めるために、刃が薄くて刃先が鋭くなるように仕上げられていることから、刀と刀がぶつかり合う斬り合いには向かず、直ぐに刃こぼれや刃折れを起こしたそうです。一方の正宗は刀を強くするために、刃が厚くて刃先が鈍くなるように仕上げられていることから、切れ味は鈍かったが、刀と刀がぶつかり合う斬り合いに向いており、切りつけてくる刀をしっかり防げたそうです。このように、同じ刀をつくるにしても、様々な原

第3章　問題を発見する

理・原則があるのです。

　「顧客満足」とは、いうまでもなく、市場もしくはお客様が望んでいる顕在ニーズや潜在ニーズのことで、商品やサービスの提供を受ける市場もしくはお客様が満足すること、不満を感じていること、すなわち期待されていることです。この内容は、業務に取り組む時の価値観の礎となるものなので、より広範に、より正確に、事実とデータできちんと把握することが大切です。企業が社会に存続する意義は、世の中の役に立つため、すなわち市場やお客様の役に立つためです。企業は、市場やお客様の役に立つことをいち早く発見して、その解決策となるソリューションを提供してゆくことに価値を求めてゆかなければなりません。一方、お客様というと市場のお客様のことを考えてしまいがちですが、仕事上で自分のアウトプットを待っている次工程もお客様である、ということを忘れてはなりません。次工程の、そのまた次工程の、さらにそのまた次工程の、という具合に辿っていった時の最終的なお客様が市場のお客様なのです。開発や設計にかかわっている人たちのように、市場のお客様と直接かかわることがない人たちにとっても、次工程はお客様という認識が必要です。さらに、その次工程が最終的に市場のお客様につながっていると考えると、企業で働くすべての人がお客様のことを考えていなければならないのです。

　「効果・効率」とは、如何にうまく適確に業務に取り組んでいるのかという、いわゆる業務の品質、ならびに生産性を高めるためのポイントのことで、競争力の源泉となるものです。効果や効率をより高めてゆくためには、ベストプラクティスを目指したベンチマークが欠かせませんが、業務の本質に見合ったベンチマーク対象を選定することが大切です。米国の某航空会社が、運賃の低価格化に取り組むためにベンチマークを実施したそうです。ベンチマークでよくある一般的なケースは、同業他社を対象として行われるケースです。しかし、同業他社をベンチマークしたとしても、良い成果を得られるのでしょうか。このようなケースでは、同じ穴のムジナで考えていることは同じだったとか、企業秘密の壁で勘所を知ることができなかったとか、結果として期待したほどの成果を得られず、企業交流会的なレベルで満足して終わってしまうことになり

かねません。

　しかし、この某航空会社は、このような安易なベンチマークを行いませんでした。運賃を低価格化するためには生産性を向上させなければならず、このためには着陸から離陸するまでの時間を大幅に短縮して、莫大な借金で購入した飛行機の稼働率を向上させることが必要との問題認識の下で、ベンチマーク先を選択したのです。この結果として某航空会社が目をつけたベンチマーク先が、24時間耐久レースで有名なインディ500のピットでした。レース中のレーシングカーがピットインしてから、ほんの十数秒程度で、燃料補給やタイヤ交換といった一連の作業を処理してしまう点に、自分たちの問題認識を重ね合わせたのです。まさに、ここに某航空会社のベストプラクティスが存在していたのです。一見すると、この某航空会社とインディ500のピットとはまったく共通点がないように見受けられますが、このような視点で見ることで共通点を見出すことができたのです。さらに、この両者間にはまったく利害関係が存在しないので、包み隠さず勘所を知ることができたのです。決して容易なことではないと思いますが、このようなベンチマークを心掛けることが大切です。

❖ 環境与件を認識する

　このような観点を通じて環境与件を認識することになりますが、必ずしも5項目のすべてに対して十分な検討ができている必要はないので、まずは今認識できていることを整理することから始めると良いでしょう。そして、その後の調査や分析を通じて分かったことを逐次追加してゆくことで、認識された内容を継続的に見直して質を高めてゆくことが必要です。そして、この認識された内容の全体を俯瞰しつつ、内容の一つひとつをよく吟味しながら必要に応じて整理統合することで、将来へ向けて欠かせないことを浮き彫りにして、それを環境与件として設定します。この時、2.1節で説明した環境与件認識シートを活用すると、内容の検討や整理を行いやすくなります。

第3章　問題を発見する

❖環境与件の検討例

　ここで、人材育成に関する環境与件検討例をもとにして、環境与件の認識の仕方を具体的な形でおさらいしてみましょう(図表3.6)。将来の夢としては、会社の事業基盤を形成するために必要とされる人材を育成する、などが取り上げられています。環境変化としては、会社の経営を支えていた現在のビジネスモデルが崩れてきている、などが取り上げられています。原理・原則としては、人材育成は体系的かつ長期的に一貫して取り組まなければならない、などが取り上げられています。顧客満足としては、お客様の経営課題の解決に貢献できる人材が求められている、などが取り上げられています。効果・効率として

図表3.6　人事育成に関する環境与件の検討例

将来の夢 (ビジョン)	・会社の事業基盤を形成するために必要とされる人材を育成する。 ・すべての社員の人材育成に役立つ教育環境を提供する。 ・必要な人が必要な時にどこにいても学習できる教育システムを構築する。
環境変化 (リスクアセスメント)	・会社の経営を支えていた現在のビジネスモデルが崩れてきている。 ・会社の新規事業を成功に導く主要なスキルとして問題解決力が求められている。
原理・原則 (KFS)	・人材育成は体系的にかつ長期的に一貫して取り組まなければならない。 ・教育目的が明確で実施効果が検証できなければならない。 ・受講者同士が触発し合えなければならない。
顧客満足 (CS)	・お客様の経営課題の解決に貢献できる人材が求められている。 ・単なる知識習得でなく現場業務に役立つ教育が求められている。 ・考える力を育成する教育が求められている。
効果・効率 (ベンチマーク)	・××社では社員全階層にわたって教育プログラムがラインナップされている。

は、××社では社員全階層にわたって教育プログラムがラインナップされている、ということが取り上げられています。

　このようにして5項目に関する環境与件を明確化できたら、次に必要なことは、これらの内容を頭の中で十分に理解することです。ここでじっくりと考えておくことが、後々の取組みに好影響を及ぼしてくるので、十分に時間を掛けることが大切です。このようにして考えていると、なさねばならないこと、求められていることが頭の中に次第にイメージできてきます。このような状態になってはじめて、環境与件を認識できたということになります。そして、ここで認識できたことは、将来へ向けた問題を発見する重要な手掛かりとなります。

3.7　あるべき姿を想像する

❖何のため思考で考える

　環境与件が明確になったら、次はあるべき姿の想像です。想像が創造という文字になっていないのは、イメージすることだからです。環境与件は、なさねばならないこと、求められていること、を示唆しています。とすると、この示唆していることをもとにして、本来取り組むべきことをあるべき姿として如何にしてイメージするかが必要となります。

　これは相当に頭を使う作業です。日頃仕事に忙殺されて頭を使うことが少なくなってきている人にとっては、とても大変な作業になるかも知れません。体を使って仕事をすることは、これまでと同様にこれからも当然のこととして求めます。しかし、これからは、これに加えて頭を使って仕事をすることが求められているのです。頑張って頭を使って、このようなことが考えられる思考回路を頭の中に築き上げてください。頭の中でこのようなことを考えられるようになると、仕事がまったく違った形で見えてくると思います。

　必要なことはあるべき姿をイメージすることです。このあるべき姿をイメージする時の助けとなるものが、「何のため」という思考プロセスです。環境与

件として認識された、なさねばならないこと、求められていること、の内容は、現在取り組んでいる仕事に関する「何のため」を、様々な視点やレベルで示していると考えられます。

❖環境与件から考える

先ほど紹介した人材育成の例では、例えば原理・原則として、人材育成は体系的かつ長期的に一貫して取り組まなければならない、といったことが取り上げられています。これは、人材育成に関する「何のため」の一つを示していると考えられます。そこで、体系的かつ長期的に一貫して取り組むためには、人材育成の姿はどのようになっていれば良いのか、と考えてみます。このように考えたうえで、人材育成の姿を文言ではなく、できるだけ図や表を使ってイメージとして描いてみます。すると、一つのイメージが出来上がります。

同じようにして、次に顧客満足に目をつけてみます。顧客満足としては、お客様の経営課題の解決に貢献できる人材が求められている、といったことが取り上げられています。これも同様に、人材育成に関する「何のため」の一つを示していると考えられます。そこで、経営課題の解決に貢献できる人材を育成するためには、人材育成の姿はどのようになっていれば良いのか、と考えてみます。このように考えたうえで、先ほどのイメージに不足している新たな要素を付加し、さらにイメージを膨らませて描いてみます。

❖あるべき姿の検討例

このようなことを繰り返して環境与件の各々に対して検討してゆくことで、より大きなイメージが出来上がってきます。そして、結果として出来上がったイメージをあるべき姿と考えます。このようにしてイメージした人材育成のあるべき姿を、参考例として紹介します（図表3.7）。この参考例は、前述した環境与件を踏まえて問題解決教育を基軸とした人材育成が必要と考えて作成したものです。あるべき姿の内容は、一見して分かりやすいことが大切です。この内容をもとにして様々な取組みをイメージするために、詳細にわたって精緻な

3.7 あるべき姿を想像する

図表3.7　あるべき姿の検討例

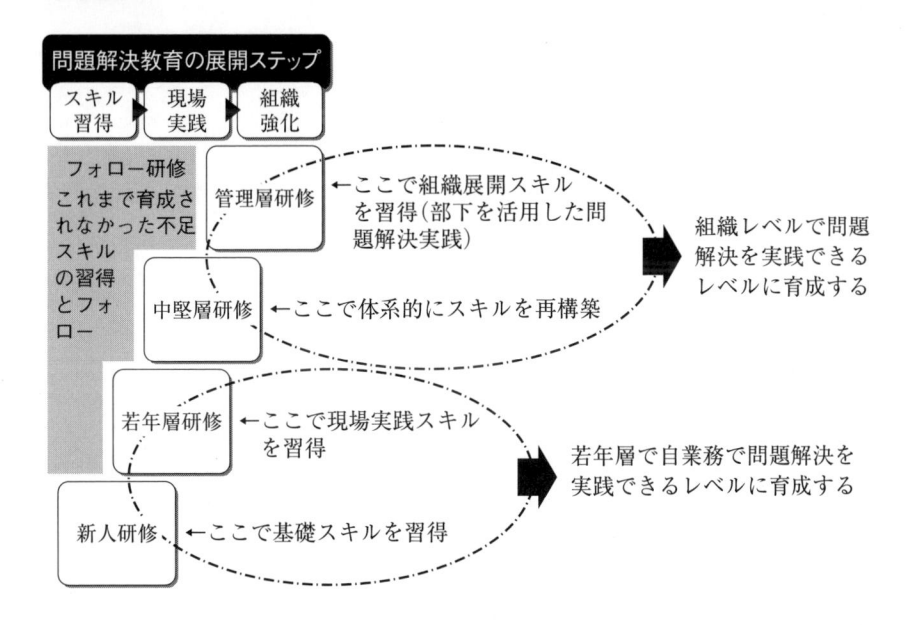

```
問題解決教育の展開ステップ
┌─────┬─────┬─────┐
│スキル│現場 │組織 │
│習得 │実践 │強化 │
└─────┴─────┴─────┘

フォロー研修
これまで育成されなかった不足スキルの習得とフォロー

  ┌──────────┐
  │管理層研修│ ←ここで組織展開スキル
  └──────────┘   を習得(部下を活用した問
                 題解決実践)
                          → 組織レベルで問題
                            解決を実践できる
                            レベルに育成する
  ┌──────────┐
  │中堅層研修│ ←ここで体系的にスキルを再構築
  └──────────┘

  ┌──────────┐
  │若年層研修│ ←ここで現場実践スキル
  └──────────┘   を習得
                          → 若年層で自業務で問題解決を
                            実践できるレベルに育成する
  ┌──────────┐
  │新人研修  │ ←ここで基礎スキルを習得
  └──────────┘
```

内容にする必要はなく、大筋の概要が分かりやすく表現できていたほうが良いのです。

　また、あるべき姿で表現すべき内容は、売上目標といったようなものではなく、売上目標を達成するための仕事の姿を描くことが大切です。単なる売上目標をあるべき姿として掲げても、売上目標を達成するための仕事の仕組みやプロセスなどが描かれていなければ、それと対比した形で現状の仕事の悪さが見えてこないため、仕事自体の変化につながり難くなってしまいます。しかも、あるべき姿の表現形態は文言ではなく、図や表といったイメージで表現されていたほうが、周囲の人たちに理解されやすくなります。とにかく、文言主体ではなく、図や表を使って表現することを心掛けてください。これによって、周囲の人たちへの訴求力が格段に向上します。このようなことに注意すると、非常に良い形であるべき姿を表現することができます。こうして出来上がったあるべき姿は、将来へ向けた問題を発見するための重要な指針となります。

3.8 問題解決フレームワークで問題を発見・定義する

❖問題解決フレームワークに落とし込む

　あるべき姿がイメージできたら、問題解決フレームワークを使って問題解決の全体像を明確化します。まずは、環境与件を踏まえて明確になったあるべき姿を、できるだけ図や表を活用しながらあるべき姿の領域に書き下ろします。次は、現状の領域に、このあるべき姿の内容と比較できる形で現状を書き出します。これであるべき姿と現状を比較できるようになります。最後は、問題の領域に、あるべき姿と現状とのギャップと、そのギャップから派生している、もしくは派生すると予測される問題を書き出します。問題に書き出した内容は、できるだけ事実としてデータで裏付けされていることが大切で、裏付けがあればあるほど、説得力だけでなくストーリーとしての迫力が出てきます。このようにすると、あるべき姿をもとにして問題を発見し、定義することができるようになります。

❖問題解決フレームワークの検討例

　あるべき姿の検討例をもとにして作成した、問題解決フレームワークの検討例を図表3.8に示します。あるべき姿の領域には、問題解決教育を基軸にした人材育成のイメージが描かれています。新人に始まって、若手層、中堅層、管理層の全社員階層に関する教育の狙いが、レベルが順次向上してゆく形で設定されており、実現したいことの概要が大筋で分かると思います。さらに、「問題発見や問題解決の議論が職場で日常化」という内容で定性的に、「問題解決スキルあるべきレベル達成者率⇒50％」という形で定量的に、各々狙いとする状態が付与されています。

　これに対して、現状は問題解決スキル教育が個々の研修の中で、何ら脈略もなく個別に実施された状態であることが分かります。しかも、あるべき姿に付

3.8 問題解決フレームワークで問題を発見・定義する

図表 3.8 問題解決フレームワークの検討例

《 あるべき姿 》

問題発見や問題解決の議論が職場で日常化
(問題解決スキルあるべきレベル達成者率⇒50%)

【問題解決教育の仕組み】

問題解決教育の展開ステップ
- スキル習得
- 現場実践
- 組織強化

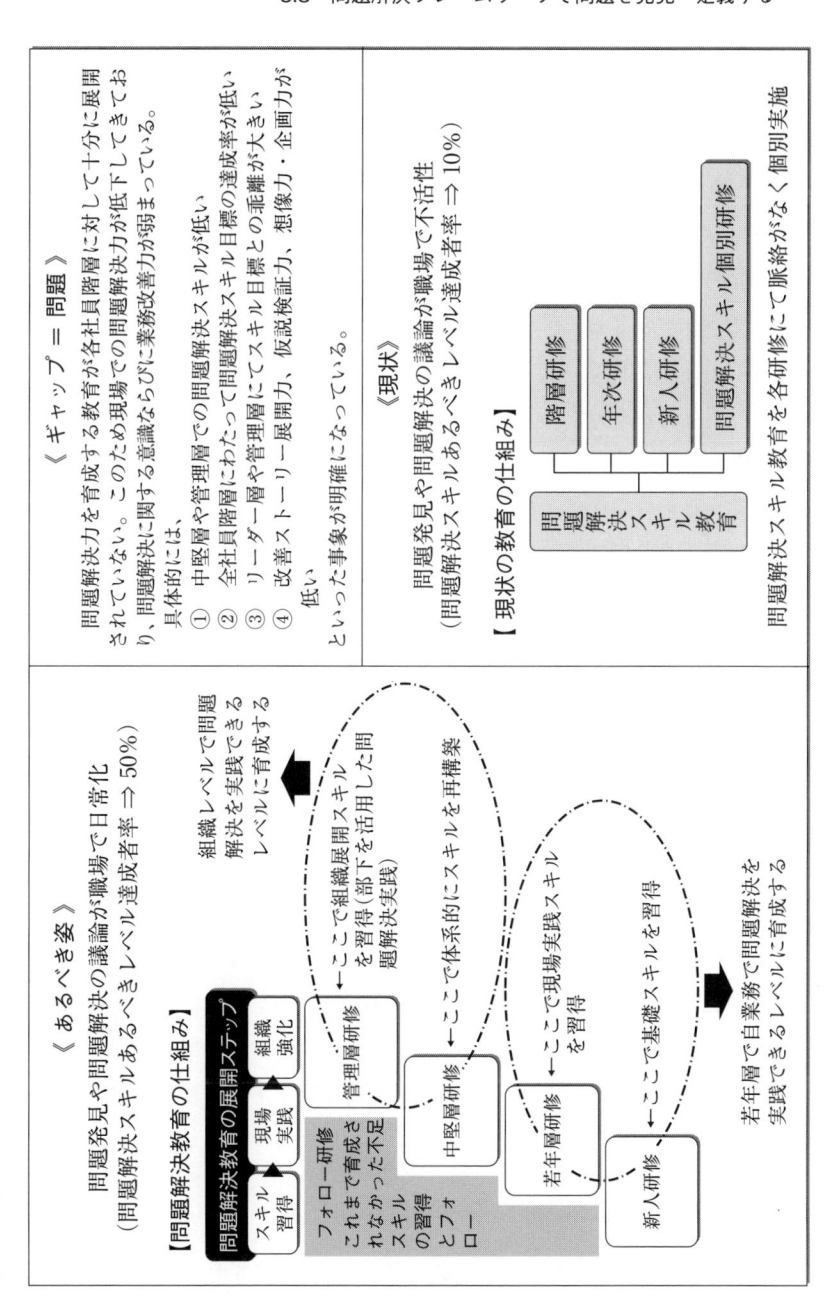

- 管理層研修 —ここで組織展開スキルを習得(部下を活用した問題解決実践)
- 中堅層研修 —ここで体系的にスキルを再構築
- 若年層研修 —ここで現場実践スキルを習得
- 新人研修 —ここで基礎スキルを習得

フォロー研修：これまで育成されてこなかったスキルの習得とフォロー

組織レベルで問題解決を実践できるレベルに育成する

若年層で自業務で問題解決を実践できるレベルに育成する

《 ギャップ ＝ 問題 》

問題解決力を育成する教育が各社員階層に対して十分に展開されていない。このため現場での問題解決力が低下してきており、問題解決に関する意識ならびに業務改善力が弱まっている。

具体的には、
① 中堅層や管理層での問題解決スキルが低い
② 全社員階層にわたって問題解決スキル目標の達成率が低い
③ リーダー層や管理層でのスキル目標との乖離が大きい
④ 改善ストーリー展開力、仮説検証力、想像力・企画力が低い

といった事象が明確になっている。

【現状】

問題発見や問題解決の議論が職場で不活性
(問題解決スキルあるべきレベル達成者率⇒10%)

【現状の教育の仕組み】

- 階層研修
- 年次研修
- 新人研修
- 問題解決スキル個別研修

→ 問題解決スキル教育

問題解決スキル教育を各研修にて脈絡がなく個別実施

73

与されていた定性的、ならびに定量的な狙いと対比する形で、現状のレベルが記載されています。現状がこのような内容で描かれているとあるべき姿との対比が容易となって、両者の差異が一見して明確に理解できるようになります。あるべき姿と現状との間に、このような差異があることが問題なのです。

ギャップ＝問題には、「問題解決力を育成する教育が各社員階層に対して十分に展開されていない」という内容で、あるべき姿と現状との差異が一言で書かれています。さらに、その差異によって派生している現場の悪しき事象の主なものが羅列されています。これが問題の内容なのです。

この例を見ると分かると思いますが、問題解決フレームワークがたった一枚あれば、しかも内容が適確に描かれていれば、問題解決の全体像を一目瞭然で理解できるようになります。このようにして、問題を発見し、問題を定義することができるのです。

3.9　論理的に考える

❖論理的思考方法の種類

問題を発見するための取組み方として、①問題主体、②現状主体、③あるべき姿主体の3通りのやり方があることを説明してきました。どちらにしても、論理的な考え方が求められることは同じなのですが、この3通りのやり方には異なった思考方法が必要となります。問題・現状主体の問題発見には「なぜなぜ」を展開する思考方法が有効で、ここではこれをデカルト思考とよびます。一方、あるべき姿主体の問題発見には「何のため」を展開する思考方法が有効で、ここではこれをブレークスルー思考とよびます。では、これから各々の思考方法について説明します。

❖デカルト思考

まずは、デカルト思考について説明します(図表3.9)。この考え方は、物事

3.9 論理的に考える

図表3.9 問題を論理的に認識するための思考の進め方

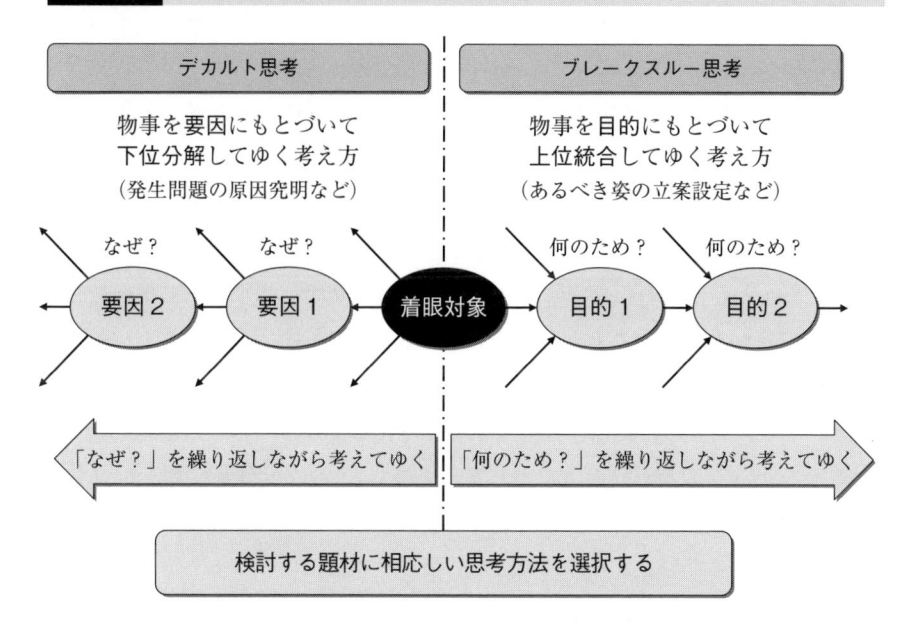

デカルト思考
物事を要因にもとづいて
下位分解してゆく考え方
（発生問題の原因究明など）

なぜ？ → 要因2 ← なぜ？ → 要因1 ← 着眼対象

「なぜ？」を繰り返しながら考えてゆく

ブレークスルー思考
物事を目的にもとづいて
上位統合してゆく考え方
（あるべき姿の立案設定など）

着眼対象 → 何のため？ → 目的1 → 何のため？ → 目的2

「何のため？」を繰り返しながら考えてゆく

検討する題材に相応しい思考方法を選択する

を要因にもとづいて下位分解してゆく考え方で、発生問題の原因究明などで威力を発揮します。例えば、生産ラインなどの現場では、日夜様々なトラブルが発生して原因追求が行われています。生産ラインにかかわらず、仕事をしていれば多かれ少なかれトラブルに遭遇し、その都度必要に応じて原因追求が行われています。原因追求を行う時に、ほとんどの人はなぜトラブルが発生したのだろうかと考えます。

生産ラインで組立不良が発生したとします。「なぜ？」と思って原因を調査します。なぜなぜの始まりです。調査した結果、組立作業手順が変わっていたことが分かったとします。では、「なぜ組立作業手順が変わっていたのだろうか」と考えます。2回目のなぜです。再び調査した結果、組立作業者が変わっていたことが分かったとします。さらに、「なぜ組み立て作業者が変わっていたのだろうか」と考えます。3回目のなぜです。さらに調査した結果、組立担当者が病気で休んだためにヘルパーが作業していたことが分かったとします。

第3章　問題を発見する

　さらに、「なぜ組立作業者がヘルパーに変わると作業手順が変わってしまうのだろうか」と考えます。4回目のなぜです。さらに調査した結果、ヘルパーに作業手順がきちんと伝わっていなかったことが分かったとします。さらに、「なぜヘルパーに作業手順がきちんと伝わっていなかったのだろうか」と考えます。いよいよ5回目のなぜです。さらに調査した結果、ヘルパーには口頭指示だけで作業手順をきちんと事前教育していなかったことが分かったとします。さらに、「なぜヘルパーにきちんと事前教育をしていなかったのだろうか」と考えます。なんと6回目のなぜです。さらに調査した結果、ヘルパーに事前教育を行う仕組みがなかったことが分かったとします。さらに、「なぜヘルパーに事前教育を行う仕組みがなかったのだろうか」と考えます。ついに7回目のなぜです。さらに調査した結果、作業手順を標準化して残しておくという業務プロセスがなかったことが分かったとします。さらに、「なぜ作業手順を標準化して残しておくという業務プロセスがなかったのだろうか」と考えます。とうとう8回目のなぜです。さらに調査した結果、その会社には仕事を通じて培ったノウハウを標準化して会社全体で共有するという風土がなかったことが分かったとします。きりがないので、この辺りでもう止めにしますが、8回ものなぜなぜを繰り返した結果、とうとう会社の風土にまで到達してしまいました。これは単なる一例かも知れませんが、きっかけとなった組立不良の発生から、なぜなぜを繰り返すことで会社の風土上の問題が浮かび上がってきたのです。

　これが、本質的な原因に迫る、ということなのです。組立不良が発生した時に、不良を発生させたヘルパーへの口頭注意といったような安易な対策で終わらせたとします。ところが、もしこのトラブルの本質的な原因が会社の風土上の問題であったとしたら、この後も何度でも同じようなトラブルが続発するでしょう。このケースにおいては、対策を実施すべき箇所は不良を発生させたヘルパーではなく、実は会社の風土だったのです。もちろん、不良を発生させたヘルパーへの口頭注意は否定されるものではありません。

　このケースは比較的単純で分かりやすい例なので、なぜなぜを展開しやすくなっています。実際にはなぜなぜを3回程度繰り返すと、答えに行き詰まって

しまうことが多々あります。でも、表面的な原因ではなく、より本質的な原因に迫るためには、なぜなぜの展開は欠かせません。有名な話ですが、某自動車メーカーではなぜなぜを5回繰り返すのが普通だそうです。5回繰り返して誤解を防ぐ、といったダジャレを言っている場合ではないかも知れませんが、歯を食いしばって、頭を振り絞って、なぜなぜの展開に是非取り組んでください。

❖ブレークスルー思考

　次に、ブレークスルー思考について説明します(図表3.9)。この考え方は、物事を目的にもとづいて上位統合してゆく考え方で、あるべき姿の立案設定などで威力を発揮します。例えば、これからの方向性を明確化するための部門戦略を策定したり、問題解決フレームワークであるべき姿を想像する、といったことが現場で行われていますが、このような時に、ほとんどの人は何のために何をすべきなのだろうかと考えます。しかし、「何のため」は繰り返している内に考えていることが次第に現実離れしていってしまうので、なぜなぜの時のように数多く繰り返す必要はなく、通常は1～2回程度でも十分に効果を発揮します。

　いくつかの例で、何のための展開を実感してみましょう。未だ自動車が誕生していなかった時代の古い話になりますが、馬車が陸上の主要な交通手段となっていたヨーロッパでは、多くの馬具職人が馬車に使われる馬具をつくっていたそうです。馬車が陸上の主要な交通手段となっている時代が続いている間は、馬具職人は時流に乗った魅力ある職業であったと思います。ところが、近世になって産業革命が起きたことで、陸上の主要な交通手段が馬車から自動車へ切り替わるという事態が発生したのです。

　この事態は馬具職人にとってはまさに青天の霹靂で、彼らはその対応に迫られました。当時、馬具の素材は皮革であったことから、馬具職人たちのスキルの源は皮革工芸技術でした。馬具職人たちは自分たちの技術を活かせる道を探し始め、皮革工芸技術は何のため、と目的を考え始めたそうです。すると彼らは、人が馬に乗りやすくするためといった従来から認識していた機能面だけで

第3章 問題を発見する

なく、馬車を見栄え良くするため、もしくは馬車で快適に過ごすためといったような、一段上の概念である装飾面での目的をもっていることに気づいたのです。この気づきがバッグメーカーへの変革を引き起こしたそうです。

このようにして、COACHなどの今日の有名ブランドのバッグメーカーが誕生したそうです。もし馬具職人が従来からの機能面にこだわり続けて一段上の何のために辿りつかなかったら、今日のバッグメーカーは存在しなかったかも知れません。彼らは環境の変化に対して何のためという思考方法で対応し、自らの変革を果たすことで見事に乗り切った訳です。このように、何のためといった思考方法は変革を引き起こす可能性を秘めています。

❖ 考える

これまでデカルト思考とブレークスルー思考について説明してきましたが、本書ではどちらも論理的思考、すなわちロジカルシンキングとよびます。そして、この両者に共通することは、とにかく頭を使って考えることです。最近、忙しいことを都合の良い理由にして、また、インターネットから容易かつ豊富に情報を入手できることにより、「考える」という人間がもつ重要な能力が十分に活用されていないように思うことがあります。とにかく「考える」ということの重要性を改めて認識して、日常の習慣にしてしまうことが大切です。この「考える」ことが十分にできないと、問題解決力は向上しません。

そこで、ちょっと脱線しますが、ここで「考える」ということについて少し考えてみたいと思います。まず物事を考えるには、考えるために必要な情報を頭の中にしっかりとインプットする必要があります。いわゆる情報収集です。この情報収集の段階を経て物事を考え始めると、頭の中に思考回路が形成されてゆきますが、考えることを止めてしまうと、それまで考えてきたことを記憶として頭の中に残して、思考回路が遮断されてしまいます。しかも、頭の中に残された記憶は時間の経過とともに徐々に薄れてゆくので、再び考え始めることがないと、やがて記憶のほとんどが頭の中から消え失せてしまいます。これは誰にでも起きる一般的な現象です。

ところが、ここで徹底的に考える、すなわち、毎日毎日寝ても覚めても余すことなく考えることに集中する、ということを続けていると、頭の中にある変化が起きるそうです。なんと、考えることを止めても思考回路が遮断されずに、頭の中に残存するようになるのです。このような状態になると、考えることを意識していなくても頭の中の思考回路が回り続けているので、無意識の中で常に考えている状態が起きるそうです。このような状態になった時に、例えば旅行に出かけて温泉に浸かったり、家でリラックスしていると、いわゆる「ひらめき」が起きるといわれています。これが「考える」ということです。ただし、何も考えずにリラックスだけしていても、決して「ひらめき」は起こらないので勘違いしないでください。

❖ 考えに集中できる場所──中国のたとえ話

中国の昔からのたとえ話によると、人にはよく考えることができるようになる状態があり、それらを馬上、枕上、厠上というそうです。馬上とは馬の上のことで、馬に乗っている状態を示しています。このような状態においては、一人きりになって心地良い揺れの中で考えに集中することができるそうです。現在に置き換えると、電車に乗って遠くの景色を眺めている時などが、このような状態なのかも知れません。枕上とは枕の上のことで、布団に入って枕の上に頭を置いている状態を示しています。このような状態においては、一人きりになって物静かな中で考えに集中することができるそうです。厠上とはトイレの便座の上のことで、便座に座っている状態を示しています。このような状態においては、一人きりになって狭い空間の中で考えに集中することができるそうです。今まで以上に、考えることに取り組んでみてください。考える力は問題解決力の基礎中の基礎です。

❖ コピーの話

話を元に戻しますが、これまでのまとめとして、「論理的に考える」ことについて考えてみましょう。論理的に考える、すなわちロジカルシンキングとは、

第3章 問題を発見する

何をするにも理由が明確で説得力をもった形で考えることだといえます。
　身近な例で説明します。ある職場に在籍しているＡ君が上司からオリジナル原稿を手渡されて、コピーを至急とってくるように指示されました。上司からの指示を受けたＡ君は、直ぐに複写機のところへ行ってコピーをとろうとしましたが、大量の書類を抱えたＢさんが先客として、既に複写機を使ってコピー作業を行っていました。至急コピーをとりたいと思っているＡ君は、Ｂさんに「コピーを至急とりたいので割り込ませて」と頼みましたが、Ｂさんは快く割り込ませてくれたでしょうか。
　ここで考えるべきことは、Ａ君が割り込ませてもらいたい理由がＢさんにどれだけ伝わっているのか、ということです。もし「　」内の文面通りで頼んだとしたら、Ａ君が割り込みたいと思っていることは伝わりますが、割り込みたい理由が一切伝えられていません。つまり、「なぜ」が明確でないのです。これでは、Ｂさんにしても自分のコピーを直ぐにでも終わらせたいと思っているはずなので、譲ろうとは思っていてもそうすべきか否かを合理的に判断することができません。このような状態では、割り込ませてもらうことは難しく、もし割り込ませてもらったとしても、快諾どころか、きっとイヤイヤながら仕方なくといった形になる公算が高いと思います。
　では、Ａ君はどうすべきだったのでしょうか。「なぜ」を明確にすれば良かったのです。自分が上司から至急コピーを指示されているために急ぐ必要があることを伝えたうえで、割り込みを頼めば良かったのです。このようにすれば「なぜ」が明確になるので、Ａ君の思いがＢさんにより確実に伝わるようになります。Ａ君は始めからこのような頼み方をしなければいけない、と考えるべきだったのです。
　このように考えることが論理的思考なのです。となると、論理的思考、すなわちロジカルシンキングとは決して難しく考える必要はなく、「なぜ」が明確になっていれば良いという、とても単純なことなのです。このような簡単な例をとおしてみると当然だと思うかも知れませんが、この考え方が習慣として身についていないと、複雑な要素で囲まれた仕事の現場においては意外と忘れら

れてしまっている概念です。「（お客様に対して）なぜこの商品を勧めたいのか」「（承認者に対して）なぜその提案が必要なのか」「（関係者に対して）なぜそのような設計内容にしたのか」といったことが、特に意識しなくても自分の頭の中で絶えず考えられるようになるために、是非習慣づけてください。

このような考え方で日常業務が実践できるようになると、周囲の人から共感を得やすくなり、コミュニケーション能力やリーダーシップ能力が格段に向上してきます。

3.10　過去・現在・将来の問題

❖問題の時系列的分類

問題解決力が向上してくると、様々な問題が面白いように発見できるようになります。そして、発見された問題を時系列の観点で眺めることによって、①過去の問題、②現在の問題、③将来の問題の3種類の問題に分類することができます（**図表3.10**）。ここでは、この3種類の問題の違いについて考えてみましょう。

❖過去の問題

まずは、過去の問題について考えてみましょう。過去の問題とは、既にやり終えてしまった仕事の結果として発生する問題のことで、その典型的な例としては、設計上の不具合が引き金となって引き起こされた市場トラブルが挙げられます。市場トラブルは市場へ投入された完成品から発生するものですが、この時には設計活動は既に終了しています。なので、設計不具合に起因する市場トラブルは、その時点において既にやり終えてしまっている仕事、すなわち過去の仕事の悪さが現在になって顕在化したもの、と考えることができます。これが過去の問題なのです。

市場トラブルが発生すると、お客様対応や再発防止対策、さらには設計改善

第3章　問題を発見する

図表 3.10　過去・現在・将来の問題

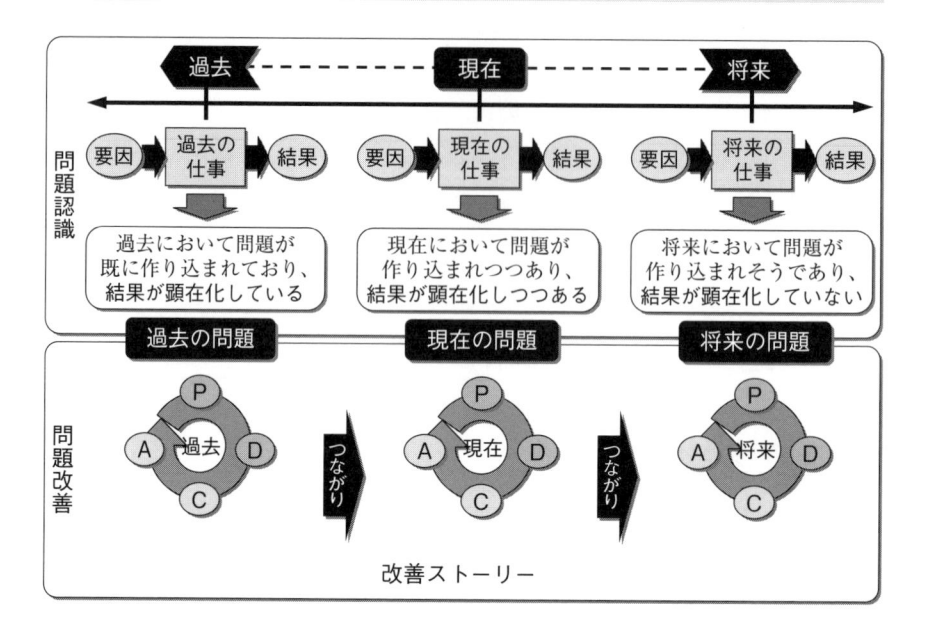

問題認識	過去	現在	将来
	要因 → 過去の仕事 → 結果	要因 → 現在の仕事 → 結果	要因 → 将来の仕事 → 結果
	過去において問題が既に作り込まれており、結果が顕在化している	現在において問題が作り込まれつつあり、結果が顕在化しつつある	将来において問題が作り込まれそうであり、結果が顕在化していない
問題改善	過去の問題 PDCA（過去）	現在の問題 PDCA（現在）	将来の問題 PDCA（将来）

改善ストーリー

など、その対応のために様々な仕事が、その後の現在になって発生してきます。このように、過去の問題は後になって現在の仕事として姿を変えて現れてくるのです。もし過去の仕事が何一つ不具合がない完璧な状態で完了していたら、過去の問題による仕事は一切発生しないと考えられます。設計不具合に起因する問題以外にも、過去の問題として捉えられる問題がたくさん存在すると思います。このような過去の問題を防ぐための効果的な方法は、現在の仕事をより不具合がない完璧な状態で仕上げることです。

❖現在の問題

次は、現在の問題について考えてみましょう。現在の問題とは現在進行形で今実施している仕事の過程もしくは結果として発生する問題のことです。その典型的な例としては、現在設計中の製品に対して実施した設計審査やテストを

通じて検出された設計上の不具合が挙げられます。この段階では未だ仕事が完了していないので、顕在化した不具合を通じて現在取り組んでいる仕事を改善してゆくことにより、現在の仕事をより完璧な内容に仕上げてゆくことができます。これが現在の問題なのです。

　過去の問題のところでも述べましたが、現在の仕事を現在の時点でより完璧な内容に仕上げておくことが、後になって過去の問題が発生しないようにするための効果的な取組みです。

❖将来の問題

　最後は、将来の問題について考えてみましょう。将来の問題とは未だ取り組んでいない仕事に対して、その結果として発生すると予測される問題のことで、その典型的な例としては、これから開発が始まる新製品に対する企画、ならびに設計立案段階で予見される設計上の不具合が挙げられます。この段階では未だ具体的な仕事が一切始まっていないので、様々な観点から考えを思い巡らせることで、顕在化が予測される問題に対して、その発生を未然防止することが期待できます。これが将来の問題なのです。

　この段階で問題の発生を未然防止しておくことが最も効果的なのですが、過去の問題や現在の問題の時のように問題が顕在化している訳ではないため、発生するであろう問題をどの程度まで予測し切れるかが課題となります。

❖問題解決フレームワークとの関係

　ここで、過去の問題、現在の問題、将来の問題について考えてきましたが、問題解決フレームワークを活用すると、これらの問題をうまく整理することができます。

　過去の問題では既に顕在化している問題が対象となるので、問題起点型の考え方で整理することができます(**図表 2.4** を参照)。まずは、問題の領域に顕在化している問題を記述します。次に、現状の領域にその顕在化している問題を発生させた過去の仕事のやり方を記述します。最後にあるべき姿の領域に顕在

化している問題が発生しない仕事のやり方を記述します。このようにすると、問題起点型の問題解決フレームワークが完成します。

現在の問題では、いま取り組んでいるプロセスが対象となるので、現状起点型の考え方で整理することができます(**図表2.5**を参照)。まずは、現状の領域に現在実施している仕事のやり方を記述します。次に、問題の領域に現在発生している問題を記述します。最後に、あるべき姿の領域に現在発生している問題が発生しない仕事のやり方を記述します。このようにすると、現状起点型の問題解決フレームワークが完成します。

将来の問題ではこの先取り組むことになるプロセスが対象となるので、あるべき姿起点型の考え方で整理することができます(**図表2.6**を参照)。まずは、あるべき姿の領域にこの先取り組むことになる仕事のやり方を記述します。次に、現状の領域に現在既に実施している仕事のやり方を記述します。最後に、問題の領域にこの先取り組むことになる仕事で現在対応できていないことから発生が予測される問題を記述します。このようにすると、あるべき姿起点型の問題解決フレームワークが完成します。

❖ 継続的改善

このようにして、問題解決フレームワークを活用して問題解決の全体像を明確にしながら、過去・現在・将来の問題に関する改善、ならびに変革に取り組んでゆくと、各々の取組みを時系列で整理できるようになります。しかし、ここで注意しなければならないことは、過去・現在・将来の問題の各々に関するPDCA改善サイクルに内容的なつながりがないと、個々のPDCA改善サイクルが個別に独立してしまって、改善ストーリーとして継続的改善につながり難いということです。過去・現在・将来の問題の各々に関するPDCA改善サイクルが内容的に一貫してつながっていると、個々のPDCA改善サイクルをとおして時系列でスパイラルアップしてゆく形が実現して、改善ストーリーとして継続的改善につながりやすくなります。

それでは、個々のPDCA改善サイクルがつながりがあるということは、一

体どういうことなのでしょうか。PDCA 改善サイクルとは、Plan（計画）、Do（実行）、Check（評価）、Act（対応）といった一連のプロセスのことをいいます。そして、このプロセスを順次回してゆくことが、改善活動に取り組むということです。つまり、ある一つの改善活動に関する PDCA の中の C（評価）と A（対応）の内容が、次の改善活動に関する PDCA の中の P（計画）と D（実行）の内容につながっていることが、PDCA 改善サイクルがつながりがあるということです。

　PDCA 改善サイクルの各々がこのような状態でつながっていると、個々の改善活動がばらばらではなく一体となって、大きな目的に対して総合的で継続的な改善活動が展開できるようになります。大きな目的をもった改善や変革などが一つの改善活動で実現することは珍しく、通常は複数の、しかも時系列的につながった問題解決活動を通じて、全体的な取組みとして成し得るものです。

3.11　数値データで現状を見える化する

❖データに立脚した現状把握

　問題解決は、問題を発見して、課題を設定して、課題を解決することですが、まずは問題が発見できないと始まらないことは、これまでに度々述べてきました。問題を発見するということは、問題と思っていることをただ単に定性的に個人的意見のように指摘すればよい、という訳ではありません。現場・現物・現実を踏まえて、事実やデータにもとづいて、できる限り定量的な形で指摘しなければなりません。何か変だという思いを言葉だけで語っているだけでは、誰も聞く耳をもってくれません。ところが、データにもとづいて、管理値からこの程度ずれている、ばらつきがこの程度大きくなっている、というように現状が事実として見える化できていると、誰でも聞く耳をもってくれるようになります。しかも、問題解決を成功に導くためには、データに立脚した正確な現状把握が必要です。事実やデータの重要性を再認識してください。

第3章　問題を発見する

❖仕事で役立つExcelの機能（図表3.11）

　ここでは、データにもとづいて現状を見える化することを考えてみましょう。現状を正確に把握するためにはデータが必要ですが、ただ単にデータを集めるだけではなく、そのデータを役立つ情報に変換して、表やグラフを使って現状をきちんと見える化できていることが重要です。ところが、このような形で現状把握が行われているケースが意外と少ないのです。なぜ、このような形で現状把握が行われていないのでしょうか。その主な理由の一つに、Excelを十分に活用して数値データを処理するスキルがない、ということが挙げられます。Excelは数値データを処理したり、分析したりするソフトウェアなのですが、実際に使用している実態を見ると、データの処理や分析のためよりも、作表のために使用している方が多いような気がします。数値データを電卓で計算

図表3.11　問題問題解決におけるExcel活用の重要性

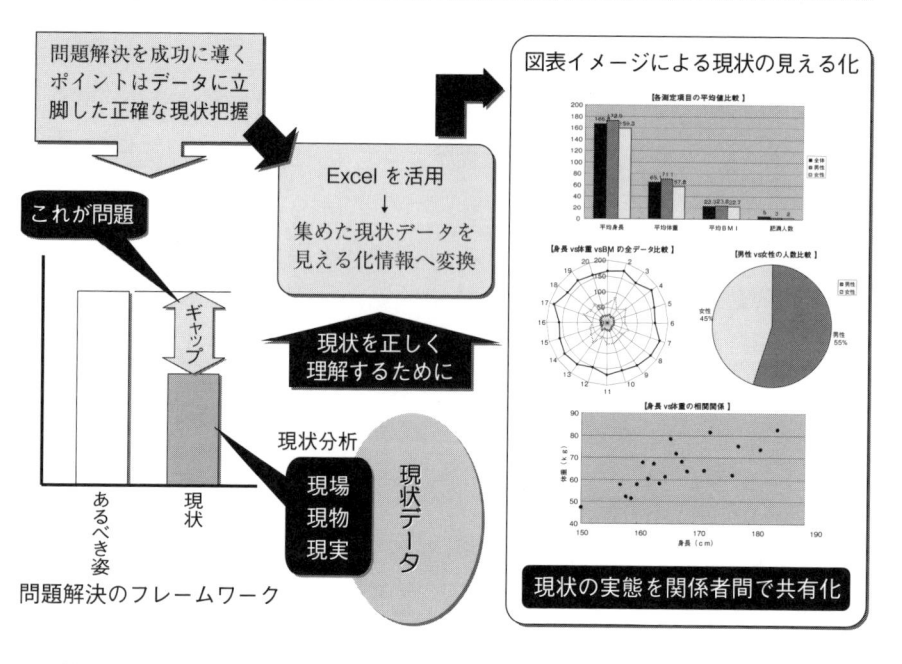

して、その結果をExcelで作成した表にインプットしているといった笑い話のような実態も見受けられます。ほとんどの会社でパソコンの一人一台が当たり前の時代ですが、このような実態には問題を感じます。Excelがもつデータの処理や分析機能を十分に活用するために、必要なデータ分析スキルを身につけましょう。

　Excelはたくさんの機能をもっていますが、それらの機能をすべて使えるようになろうと思ったら、とても分厚いテキストを使って長期間にわたって勉強しなければなりません。ところが、会社の仕事でExcelを活用することを想定すると、Excelがもっている機能の中の、35項目の関数と5件の処理機能を知っておけば十分です。これらの機能の一覧を、現状見える化に役立つExcel機能として図表3.12に示すので、是非これだけは自在に活用できるように勉強してください。なお、現状見える化に役立つExcel機能の右端に活用度を示しておきましたので、◎印と○印が付いた部分は是非活用できるようになってください。

❖ Excelでデータを層別する

　データにもとづいて現状を見える化するためのポイントは、層別とグラフ化です。層別の時に役立つ機能はピボットテーブル機能です。ピボットテーブル機能を活用すると、二元マトリックス、例えば性別×部門という形でデータ層別を瞬時に行えるようになるので、現状分析の強力な武器となります。

　Excelで作成したデータファイルで、性別のデータファイルと部門のデータファイルが別々のデータファイルに分かれていると、この2つのデータファイルを一つに統合しないとピボットテーブル機能を使って層別ができません。現状分析でより良い層別をしようとすると、まったく別々のデータファイルを一つに統合することが必要になります。Excelはデータベースソフトではないので、2つのデータファイルを一つに統合する機能がありません。ここで役に立つ機能がVLOOKUP関数です。VLOOKUP関数を使うと、2つのデータファイルの間に共通するデータ項目が存在すれば、この共通するデータ項目をキー

第 3 章　問題を発見する

図表 3.12　現状見える化に役立つ Excel 機能

対象	関数／ツール	できること	活用度
数値	sum	数値データを合計値を計算する	◎
	average	数値データの平均値を計算する	◎
	stdev	数値データの標準偏差を計算する	◎
	sqrt	数値データの平方根を計算する	△
	^	数値データのn乗を計算する	△
	max	数値データの最大値を求める	○
	min	数値データの最小値を求める	○
	count	数値データの数を数える	◎
	counta	文字データの数を数える	◎
	sumif	条件に合致した数値データの合計値を計算する	○
	countif	条件に合致した数値データの数を数える	○
	round	数値データを小数点以下任意の桁数で四捨五入する	○
	roundup	数値データを小数点以下任意の桁数で切り上げる	△
	rounddown	数値データを小数点以下任意の桁数で切り下げる	△
	rank	指定した数値データの上位順位を求める	○
	large	指定した上位順位の数値データを求める	○
	correl	2系列の数値データ間の相関係数を求める	○
	rand	0～1の間の乱数を発生させる	△
文字	left	文字データの左端から任意の文字数だけを取り出す	◎
	right	文字データの右端から任意の文字数だけを取り出す	◎
	mid	文字データの中間部から任意の文字数だけを取り出す	◎
	fixed	数値データを小数点以下任意の桁数で文字データに変換する	○
	value	文字データを数値データに変換する	○
論理	if	設定された論理条件にもとづいて処理を分岐する	◎
日付	now	関数が実行された時点の日付けシリアル値を呼び出す	○
	year	日付けシリアル値から年を取り出す	◎
	month	日付けシリアル値から月を取り出す	◎
	day	日付けシリアル値から日を取り出す	○
	weekday	日付けシリアル値から曜日を取り出す	○
図・表	二元表・三元表	生データの整理・可視化	◎
	棒グラフ	量・分布の表現	◎
	折れ線グラフ	時系列変化・推移の表現	◎
	円グラフ	内訳の表現	◎
	レーダーチャート	全体像・傾向の表現	◎
	散布図	ばらつき・偏りの表現	◎
処理	データ結合 ⇒ vlookup	任意の項目による異なるデータ間の結合	◎
	項目間集計 ⇒ピボットテーブル	任意の2項目間に関するデータの個数・合計・平均などの計算	◎
	回帰分析 ⇒分析ツール	回帰方程式の傾きと切片の計算	○
	ヒストグラム ⇒分析ツール	設定区間ごとの発生度数の計算	△
	シミュレーション ⇒ rand	論理式にもとづいた確率論的な出現結果の予測	△

にして2つのデータファイルを一つに統合することができます。VLOOKUP関数は取り扱いが多少面倒なので、使い慣れないとうまく活用できないかも知れません。でも問題発見には欠かせない非常に役立つ機能なので、何度も使って是非使い慣れるようにしてください。VLOOKUP関数が使えるようになるとデータ分析能力が格段に向上します。

　データ分析には、個々のデータ項目に対して数値的な処理を施したり、演算を実施したりするために、様々な関数機能が用意されているので、これらを駆使して必要に応じて、個々のデータに対して必要な処理を行ってください。

❖分析結果の見える化

　層別を含めて、様々な関数を活用して処理分析した結果を、最終的に見える化するため必要な機能がグラフ化です。グラフ化は、ただ単にグラフにすれば良いということではありません。「何を、どのようなことを表現したいのか」といった作成するグラフの目的をまず始めに考えたうえで、表現したいことに対して最も相応しいグラフの形態を選択することが大切です。グラフで表現したい内容とグラフの種類との関係、そしてグラフを作成する時のポイントを図表3.13に示すので、参考にしてください。

❖データ分析の進め方

　ここで紹介した一連の機能が活用できるようになると、データ分析は4段階のステップで実施することができます。第1ステップは、関数機能を使って個々のデータに対して、四捨五入したり、平均値や標準偏差を計算したり、データ数を数えるなど、必要とされる数値的な処理を施すことです。この作業はデータ分析のための前処理作業です。

　第2ステップは、VLOOKUP関数を使って分析に必要なデータファイルを一つに統合して、データ分析に必要なデータファイルを適宜作成することです。この作業も前処理作業といってよいと思いますが、この第2ステップは、個々のデータファイルでその後の分析作業が事足りれば、実施する必要がない場合

第3章 問題を発見する

図表 3.13　データ分析の目的に応じた各種グラフの活用方法

グラフの種類	構成内訳	数量比較	経時変化	出現頻度	相関度合	表現のポイント
円グラフ	●					・実用性に欠ける⇒全体の5%程度 ・要素は6項目以内に抑える ・正午の位置から時計回りに配列する ・強調したい要素に目立つ配色を施す
横棒グラフ	●	●				・用途は広い⇒全体の25%程度 ・要素は6項目以内に抑える ・棒の幅は棒間隔より大きくする ・強調したい要素に目立つ配色を施す ・要素名を長くできる
縦棒グラフ	●	●	●	●		・活用度は高い⇒全体の50%程度 ・出現頻度は区間設定に注意が必要 【縦棒グラフ】 ・横棒グラフと同様 ・要素名は短く簡潔に表現する 【線グラフ】
線グラフ			●	●		・要素が6項目以上なら線グラフにする ・トレンドラインには最も太い線を用いる ・対比や予測のラインには破線を用いる ・描くラインの数は6本以内に抑える
散布図					●	・取扱いが難しい⇒全体の10%程度 ・データが6程度なら横棒グラフを使う ・必要に応じて相関係数を表示する ・必要に応じて回帰線を表示する

分析結果で表現したい内容

もあります。

　第3ステップは、分析対象となったデータファイルに対して、ピボットテーブル機能を使って様々な観点から層別を徹底的に繰り返して、良い子と悪い子が際立つ状態を見出すことです。この作業がデータ分析作業です。この分析作業を通じて期待された結果が得られなかった場合には、必要に応じて第1ステップもしくは第2ステップに戻って前処理作業をやり直します。

　第4ステップは、第3ステップで分析した結果を見やすい形でグラフ化することです。ここで作製したグラフが不適切であると、これまで処理・分析してきた結果が効果的に表現できなくなってしまうので、グラフの種類の選択や図としての見栄えには格段の注意が必要です。

❖ Excel活用の必要性

　問題解決においては、現状把握および現状分析を通じて現状が事実とデータで、できる限り定量的な形で見える化できていることが大切と、これまで再三にわたって述べてきました。まさに問題解決の肝の一つといえます。例えば、生活習慣病を予防するためにダイエットに励む人がいますが、運動をしたり、薬を飲んだり、様々な取組みを図る中で、最も効果があることは体重を測ってグラフをつくることだそうです。体重を測ってグラフをつくることで、自分の現在の状態が嫌でも一目で分かるようになるので、体重が増えれば「マズイ！」、体重が減れば「ヤッター！」といった形で、頑張ろうとするマインドの形成につながるからだそうです。逆にダイエット失敗の典型的なケースが、体重が思うように減らなくなると体重計に乗ることが嫌になり、体重を測ろうとしなくなって現状を見ようとしなくなることだそうです。このように、現状を見える化できているということは、問題解決の成否にかかわる重要なポイントなのです。

　ところが、Excelの活用能力が不足していることで、この肝となる取組みが十分に行われているとはいえない実態があるとしたら、非常に残念なことです。ここで紹介した35項目の関数と5件の処理機能だけで十分なので、まずはこ

第 3 章　問題を発見する

れらの Excel 機能を習得してください。そして、これらの Excel 機能を縦横に活用して思うような分析結果を得ることができるように、データの処理分析能力を是非高めてください。これができるようになると、問題発見能力が飛躍的に向上します。

第4章

課題を設定する

4.1 問題解決フレームワークで課題を設定する

❖なぜトラブルが再発するのか

　問題解決フレームワークであるべき姿、現状、問題（ギャップ）が整理できて、問題が発見できた状態になったら、次に行うべきことはいよいよ課題の設定です。この段階で課題を適確に設定することができないと、せっかく捕まえた大魚を取り逃がしてしまうことになりかねません。逃がした魚は大きかった、なんてことにならないように、本質的な課題を設定しなければなりません。

　では、本質的な課題とは一体どのようなことなのでしょうか。ここで、トラブルが発生して対策を実施したのに再発防止できない、ということについて考えてみましょう。トラブルが発生したら、まずはトラブルに関する原因を究明して、次に対策を立案して実施します。この時、トラブルに関する原因を究明できたという状態は、「問題解決フレームワークが全体として整理できた状態」と考えます。それでは、対策を実施するということはどういう状態をいうのでしょうか。

　実は、対策を実施したのにトラブルが再発防止できないというケースの多く

は、問題解決フレームワークにおいて、問題の領域に対して対策を実施してしまっている状態と考えられます。トラブルが再発すると、特に技術者の人たちは技術的な対応が不足していたと考えがちです。もちろん、そのような場合も多分にあるとは思いますが、問題解決的な視点で見ると、対策を検討する領域に間違いがあったのではないか、と考えるべきです。

問題は、あるべき姿と現状のギャップであり、さらには、そのギャップによって派生する悪しき事象のことである、とこれまで指摘してきました。そして、この悪しき事象が実際に顕在化したものが、私たちが実際に目にする個々の具体的なトラブル事象なのです。ということは、このトラブル事象そのものに対して対策を実施するということは、問題の領域に対して対策を実施しているということになります。

このように、問題の領域に対して対策をいくら実施したとしても、トラブル事象自体をモグラ叩き的に潰しているだけになりかねません。このような対応をいくら続けていても、トラブル事象という悪しき事象そのものを派生しているあるべき姿と現状とのギャップに、ほとんどといって良いくらいに変化が生じません。あるべき姿と現状とのギャップに何らかの変化が生じなければ、問題が派生する構図に変化が生じないので、いつの日か機会を改めてトラブルが再発してしまうのです。すなわち、トラブル事象そのものが発生しなくなるような、本質的な問題解決ができていないことによって、いつまで経ってもトラブルを再発防止できないのです。

❖ 本質的な問題解決

では、どうしたらトラブルを再発防止できるのでしょうか。本書を通じて勉強してきた方々は既にお分かりだと思いますが、あるべき姿と現状とのギャップに変化を与えるような形で対策を実施すれば良いのです。どういうことかというと、問題の領域に対して対策を実施するのではなく、現状があるべき姿に近づくように、現状の領域に対して対策を実施すべきなのです。このような形で対策を実施してゆくと、あるべき姿へ向けて現状が徐々に向上してゆくので、

4.1 問題解決フレームワークで課題を設定する

あるべき姿と現状とのギャップが次第に縮小、もしくは解消される方向に向かうようになります。これに伴って、ギャップにより派生する悪しき事象がより発生し難くなる状態ができてくるので、トラブルが再発防止できるようになります。すなわち、このようなことが本質的な問題解決ができているということなのです。

これまでお話ししてきたことを、問題解決フレームワークに戻って話を整理すると、本質的な問題解決を行うためには、

　　ステップ1　⇒　問題解決の全体的な構図を問題解決フレームワークで整理する
　　ステップ2　⇒　問題解決フレームワークで問題を発見する
　　ステップ3　⇒　あるべき姿の実現へ向けて現状を変える形で課題を設定する

といったことを、問題解決フレームワークの思考プロセスにもとづいて順を追って実施してゆくことで、あるべき姿に向けて現状を変えてゆくような取組みを図ることが必要なのです。

❖課題の設定例

ここで、これまで紹介してきた人材育成に関する問題解決フレームワークをもとにして、課題の設定について具体的に説明します（図表4.1）。この例においては、現状が「問題解決スキル教育を各研修にて脈絡がなく個別実施」している状態になっていることから、問題解決力の育成面で様々な問題が発生していることを認識することができます。そこで、環境与件の認識を通じて想像した、問題が発生しないあるべき姿を実現するために、「体系的で一貫した問題解決教育プログラムの整備充実と各社員階層への確実な教育の展開」という課題を設定して現状を変えてゆこうとしています。

このような形で課題が設定できると、その場凌ぎの一時的、かつ対症療法的な教育を実施するという安直な取組みではなく、人材育成に関するプロセスや仕組みを視野に入れた本質的な取組みを実施できるようになります。このよう

第4章 課題を設定する

図表 4.1 課題の設定例

《あるべき姿》

問題発見や問題解決の議論が職場で日常化

【問題解決教育の仕組み】

問題解決教育の展開ステップ：スキル習得 → 現場実践 → 組織強化

- フォロー研修：これまで育成されなかったスキルの習得とフォロー
- 管理層研修：ここで組織展開スキルを習得（部下を活用した問題解決を実践）
- 中堅層研修：ここで現場実践スキルを習得
- 若年層研修：ここで体系的にスキルを再構築
- 新人研修：ここで基礎スキルを習得

若年層で自業務で問題解決を実践できるレベルに育成する

組織レベルで問題解決を実践できるレベルに育成する

《ギャップ＝問題》

- 問題解決力を育成する教育が各社員階層に対して一貫して展開できるようになっていない
- 問題解決力を育成する教育プログラムが体系的に整備されていない
- 現場での問題解決に関する意識ならびに業務改善力が弱まっている

↓（この結果）

《現状》

問題発見や問題解決の議論が職場で不活性

【現状の教育の仕組み】

階層研修／年次研修／新人研修／問題解決スキル個別研修

問題解決スキル教育を各研修にて個別実施

問題解決スキル教育を各研修にて脈絡がなく個別実施

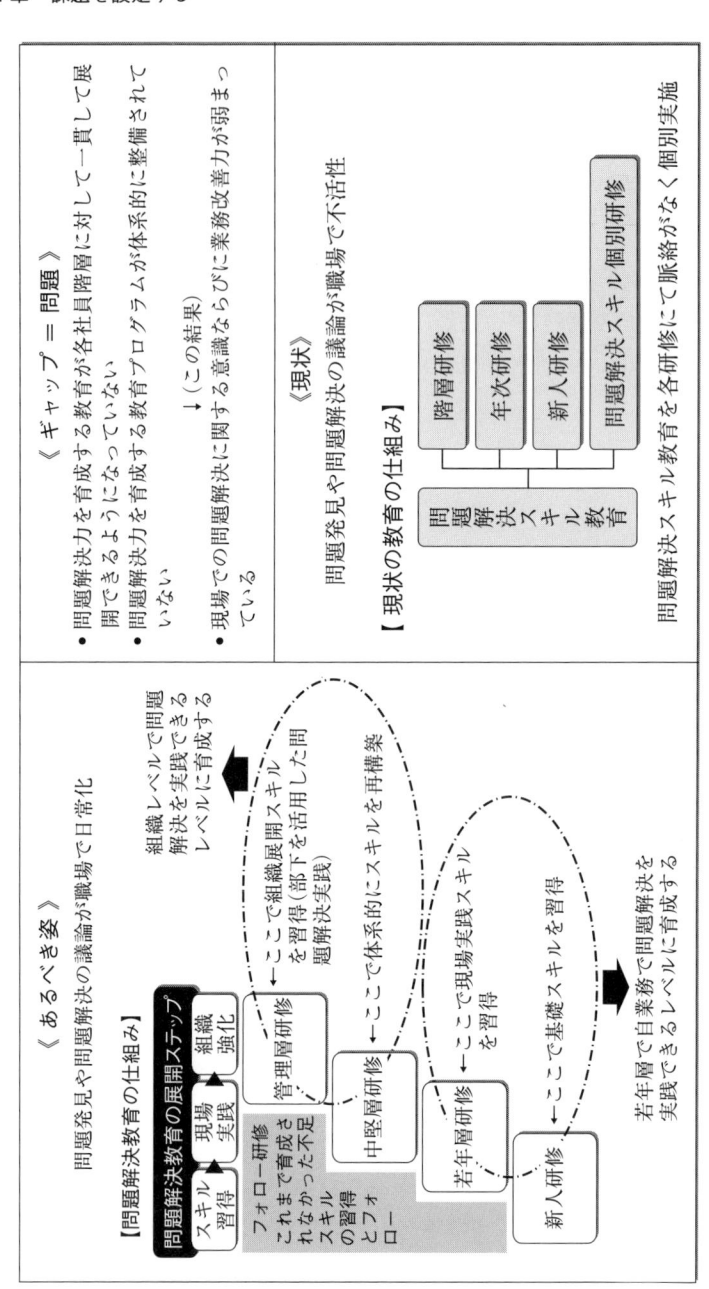

課題 ⇒ 体系的で一貫した問題解決教育プログラムの整備充実と各社員階層への確実な教育の展開

に、問題解決フレームワークにもとづいて検討することで、本質的な問題解決に取り組むことができるようになります。

いま求められていることは、常に本質的な問題解決に取り組む姿勢であり、そのためのスキルであり、マインドです。このためには、現状把握や現状分析、環境与件の検討などを通じて認識したことを問題解決フレームワークで整理し、問題に対してではなく、あるべき姿の実現へ向けて現状を変える方向で課題を設定する、という取組みが当たり前のように実践できなければなりません。このためにも、問題解決フレームワークにもとづいた思考プロセスを実務を通じて何度も実践することで、一日も早く自分のものになるように身につけてください。

4.2　課題の取組み施策を論理的に展開する

❖ロジックツリーによる論理展開

　問題解決フレームワークによってあるべき姿、現状、問題(ギャップ)が明確になり、あるべき姿の実現へ向けて現状を変えてゆく形で課題が設定できたら、次に考えなければならないことは、課題解決のために取り組むべきことは何か、ということになります。いわゆる、課題解決へ向けた施策展開です。この段階で役立つものが、ロジックツリーという新QC七つ道具の一つになっている系統図を活用した考え方です(**図表4.2**)。したがって、改善活動などを通じて既に系統図の活用経験がある人たちには、馴染みやすい考え方です。

　まずはじめに、ロジックツリーを活用した思考方法について説明します。ロジックツリーの考え方を活用すると、なぜ(Why)、どのように(How)、何を(What)、といった視点で推論を繰り返しながら、設定した課題や問題に関する深掘りや分解を行えるようになります。なぜ(Why)の論理展開は問題を深掘りして真の原因に迫ってゆく時に、どのように(How)や何を(What)の論理展開は課題を分解して取組み施策を細分化してゆく時に、各々適しています。

第4章 課題を設定する

図表4.2　ロジックツリーによる課題や問題の構造化

「問題分析」や「対策実施」のステップにおいては全体をモレなく、かつ構造的に把握することが重要となるが、ロジックツリーはこれを効果的に行う方法であり、結果→原因(Why)、目的→手段(How)、全体→部分(What)といった考え方で推論を繰り返して課題や問題を深掘り・分解してゆくことで、認識された概念や事象間のつながりをツリー状に図示して論理展開を見える化するためのもの。

ロジックツリーをうまくつくるためのポイントは、①展開は3～4階層、②要素の分解は2～5程度、③表現は実際の解決策や行動に結び付きやすい内容であること。

右図は「問題解決力を向上する」ためのロジックツリーの展開例ですが、このように検討のプロセスや全体像を見える化することで、内容の理解度が向上するだけでなく、意思決定の手続き上の疑念がなくなり、全員の納得度が高まります。

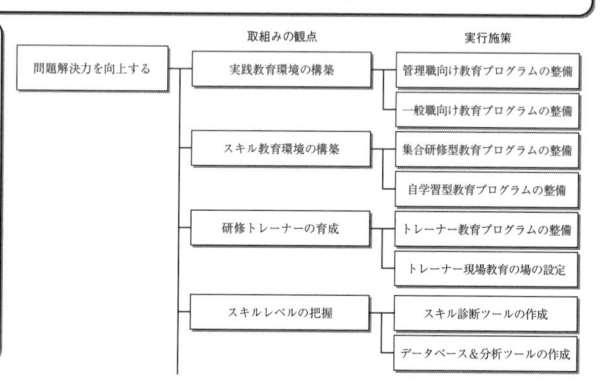

問題解決力を向上する	取組みの観点	実行施策
	実践教育環境の構築	管理職向け教育プログラムの整備
		一般職向け教育プログラムの整備
	スキル教育環境の構築	集合研修型教育プログラムの整備
		自学習型教育プログラムの整備
	研修トレーナーの育成	トレーナー教育プログラムの整備
		トレーナー現場教育の場の設定
	スキルレベルの把握	スキル診断ツールの作成
		データベース＆分析ツールの作成

したがって、問題解決フレームワークで設定した課題に対しては、どのように(How)や何を(What)の論理展開が用いられます。それでは、この各々の論理展開の仕方について説明します。

　なぜ(Why)の論理展開とは、結果から原因へと次々に論理展開してゆく考え方です。ある結果に対する原因を考えたうえで、その原因を次の一段深まった段階での結果と見立てて、その次なる結果に対して更なる原因を考えます。このように、結果から原因を考え、その原因を次なる結果と見立てて更なる原因を考え、といった思考プロセスを順次繰り返しながら、問題に対する原因を徐々に深掘りしてゆくための考え方です。このように、なぜ(Why)の論理展開は問題の深掘りに対して役立つ考え方です。ちなみに、この時に役立つ思考方法が「なぜなぜ」です。

　どのように(How)の論理展開とは、目的から手段へと次々に論理展開して

ゆく考え方です。ある目的に対する手段を考えたうえで、その手段を次の一段深まった段階での目的と見立てて、その次なる目的に対して更なる手段を考えます。このように、目的から手段を考え、その手段を次なる目的と見立てて更なる手段を考え、といった思考プロセスを順次繰り返しながら、目的に対する手段を徐々に分解してゆくための考え方です。このように、どのように(How)の論理展開は課題の分解に対して役立つ考え方です。ちなみに、この時に役立つ思考方法が「そのためには」です。

　何を(What)の論理展開とは、全体から部分へと次々に論理展開してゆく考え方です。全体に対するある部分を考えたうえで、その部分を次の一段深まった段階での全体と見立てて、その次なる全体に対して更なる部分を考えます。このように、全体から部分を考え、その部分を次なる全体と見立てて更なる部分を考え、といった思考プロセスを順次繰り返しながら、全体に対する部分を徐々に分解してゆくための考え方です。このように、何を(What)の論理展開は課題の分解に対して役立つ考え方です。ちなみに、この時に役立つ思考方法が「その中身は」です。

❖ MECE であること

　このようにして、なぜ(Why)、どのように(How)、何を(What)といった視点で課題や問題の論理展開に取り組んでゆく訳ですが、この時に注意すべきことがあります。それは① MECE(ミーシーとかミッシーとかいわれています)であること、②手が打てるレベルにまで展開することの２点です。

　まず、MECE であることについて説明します。この MECE が意味していることを一言で簡単にいうと、「モレズダブらず」ということです。すなわち、結果から原因へ、目的から手段へ、全体から部分へ、といった形で論理展開した結果に、モレやダブリがないという状態になっていることが大切です。

　例えば、自動車の種類を、普通車、軽自動車、ハイブリッド車、外国産車といった形で分類したとします。すると、例えば、ハイブリッド車の普通車は、ハイブリッド車に分類したほうが良いのか、普通車に分類したほうが良いのか、

一体どちらに分類したら良いのでしょうか。さらに、この車が外国産車であったら、一体どうしたら良いのでしょうか。どこにでも分類できてしまうので、どこに分類するかによって結果が異なってしまいます。分類する人によって結果がばらついてしまうことになるので、結果の精度が低くなります。これがダブリです。一方、電気自動車の普通車はどうなるのでしょうか。この分類の仕方では普通車に分類されてしまいますが、もし電気自動車としての分類が必要であったとしても、分類すらできません。これがモレです。

　別の例で説明しましょう。家族構成を、4人以下と4人以上とで分類しようとしたとします。この場合、4人の家族はどちらに分類したら良いのでしょうか。どちらにも分類できてしまいます。これはダブリです。一方、家族構成を、4人未満と4人超とで分類しようとしたとします。この場合、4人の家族はどちらに分類したら良いのでしょうか。どちらにも分類できません。これはモレです。これはとても分かりやすい例なのですが、このようなことが実際に起きていることがあり、しかも起きていても気がつかないことがあります。このような状態で論理展開が行われてしまうと、課題の分解や問題の深掘りを精度良く行うことができなくなってしまいます。このように、MECEであることは課題の展開精度を保証する大変重要な観点なので、くれぐれも注意してください。

❖課題の分解

　次は、手を打てるレベルにまで展開することについて説明します。課題や問題を論理展開した時に、ロジックツリーの右端の最終階層に位置する項目の内容は、対策の方向性が明確になるようなレベルになっていることが大切です。この最終階層の内容が論理展開不足で曖昧な状態になっていると、この内容から導かれてくる対策の方向性に大きなブレを生じてしまいます。対策の方向性にブレが生じてしまうと、結果として対策を実施した後の効果を正しい形で得られなくなってしまう恐れがあります。このようなことでは、大切な経営資源を浪費してしまうことになりかねません。この最終階層の内容が具体的である

ほど、対策の方向性のブレを防ぐことができるので、この点についてもくれぐれも注意してください。「問題解決力を向上する」という課題に対して論理展開した実施例を示しましたので、参考にしてください(**図表4.2**)。

4.3 ロジックツリーで課題や問題を体系的に整理する

❖森を見て木を見る

　ロジックツリーの考え方にもとづいて論理展開した結果を、図として整理した形で表現したものをロジックツリーとよびます。ロジックツリーがつくられると、課題や問題に関する全体像や全体構造や論理展開などの内容が見える化できるようになるので、関係者との内容共有に役立ちます。いわゆる、全体が見えて個が見えるようになるので、木を見て森を見ずといった状況を防ぐことができます。しかし、この見える化した内容を関係者と共有しやすくするためには、図の表現方法に多少の工夫が必要になります。

　課題や問題の論理展開は、関係者と議論しながら、紙や電子白板、時にはパソコンを使って、都度結果を書き出しながら検討を進めてゆきます。そして、検討が終わった時には、多岐にわたって検討された内容が、見た目に乱雑にメモされた形で目の前に残されています。このままでは使い物にならないので、最後の仕事は、この結果を見やすく分かりやすく整理して、見栄えが良いロジックツリーとして仕上げてゆくことです。検討した結果を残さず表現しようとか、検討の苦労の度合いを表現しようとか、様々な思いをもってロジックツリーはつくられます。この結果、出来上がったロジックツリーは、膨大で複雑で細かくて、表現されていることを理解するのが大変になるほどの力作になりがちです。

　しかし、ここで考えなくてはならないことは、表現しなければならないことは、苦労の跡ではなく、検討した結果そのものなのです。しかも、その結果は、

第4章 課題を設定する

自分たちのためではなく、この結果を伝えたい相手のためにある、ということを考えなくてはなりません。すなわち、見やすく、分かりやすく、見栄えが良いロジックツリーを作成することを常に心掛けなければなりません。

❖ 見やすいロジックツリー

ここでは、見やすく、分かりやすく、見栄えが良いロジックツリーを作成するためのポイントについて説明します。基本的には、展開は3～4階層、要素の分解は2～5程度、表現は実際の解決策や行動に結び付きやすい内容ということになります。そして、シンプルで一見して内容が理解できる程度の見た目の全体感、各要素内の記載内容のMECE感をもって仕上げることが大切です。どうしてもMECE感がある表現が思いつかなかったら、例えば2分割する場合などでは、AとA以外、といった表現を使うことも良いでしょう。

とにかく、作成したロジックツリーには伝える相手がいることを考えて、相手本位の姿勢を心掛けることが大切です。このようなことを考慮して、出来栄え良くうまく仕上がった課題解決のロジックツリーは、人を巻き込むネタとして大いに役立ちます。

❖ ロジックツリーの展開例（図表4.3）

これまで紹介してきた人材育成に関する問題解決フレームワークでは、「体系的で一貫した問題解決教育プログラムの整備充実と各社員階層への確実な教育の展開」という課題が設定されています。これを、どのように(How)の視点で目的から手段へ論理展開すると、第2階層は、年次階層プログラムへの展開、スキル教育プログラムへの展開、問題解決研修トレーナーの育成、問題解決研修受講後の現場実務を通じた実践支援、問題解決スキルレベルの把握、以下省略、という形で展開されました。これらの内容には、モレやダブリがなくてMECE感がある、実施する内容に具体性がある、といったことが分かると思います。

第2階層で展開された項目の中の、年次階層プログラムへの展開について論

4.3 ロジックツリーで課題や問題を体系的に整理する

図表 4.3　ロジックツリーの展開例

```
                                    取組みの観点                           実行施策

                                                          ┌── 既任マネージャー問題解決研修
                                                          │   カリキュラムの企画立上げ
                                                          │
                                                          ├── 新任マネージャー問題解決研修
                                  ┌── 年次階層プログラムへの展開 ──┤   カリキュラムの企画立上げ
                                  │                       │
                                  │                       ├── マネージャー候補問題解決研修
                                  │                       │   カリキュラムの企画立上げ
                                  │                       │
                                  │                       └── 各年次問題解決研修
                                  │                           カリキュラムの企画立上げ
                                  │
体系的で一貫した問題解決教育       │                       ┌── 問題解決教育プログラムの品揃え
プログラムの整備充実と各社員 ──────┼── スキル教育プログラムへの展開 ─┤   の強化と体系的整備
階層への確実な教育の展開           │                       │
                                  │                       └── 問題解決自学自習プログラム向け
                                  │                           e-ラーニングプログラムの品揃え
                                  │
                                  ├── 問題解決研修トレーナーの育成 ─── 問題解決研修トレーナー
                                  │                                   育成プログラムの立案と実施
                                  │
                                  ├── 問題解決研修受講後の現場実務 ─── 問題解決現場実践支援
                                  │   を通じた実践支援               キーパーソンの発掘と育成
                                  │
                                  └── 問題解決スキルレベルの把握 ───── 問題解決スキル自己診断ツールの
                                                                      作成およびデータベースの構築
```

第 4 章　課題を設定する

理展開した結果、既任マネージャー問題解決研修カリキュラムの企画立上げ、既任マネージャー…(以下同様)、新任マネージャー…(以下同様)、マネージャー候補…(以下同様)、各年次マネージャー…(以下同様)、といったように各社員階層に関する展開がされました。これらの内容には、モレやダブリがなくてMECE感がある、実施する内容に具体性がある、ということが分かると思います。以下同様に展開されていますので、参考にしてください。

このようにして、問題解決フレームワークを通じて設定した課題に関する課題解決のロジックツリーが出来上がると、これから何をすべきかが明確になるので、後はただそれを実行すれば良いことになります。

4.4　問題解決ストーリーを構成する

❖問題解決をストーリーで語る

　問題解決への取組みをストーリーとして語るうえで欠かせないものとして、問題解決の推移を整理した形で表現するための方法について説明します。まずは、対策が実行される前の仕事の現状を S1 という記号で表現します。S1 の S は System の頭文字で、プロセスや仕組みや方法など、いわゆる仕事のやり方を示す記号です。S1 の 1 とは、第 1 段階を示す記号です。したがって、S1 とは第 1 段階での仕事のやり方を表現していることになります。この場合には、第 1 段階を対策が実行される前の現状の状態として、S1 と表現します。次に、現状に何らかの対策が実行されたとしたら、現状の仕事のやり方が第 1 段階から第 2 段階へと変化したとして、現状の状態を S2 と表現します。このようにすると、対策が実行されてゆくに伴って現状が変化してゆく段階を、S1 → S2 → S3 →…、というように記号で表現することができます。

　一方、対策が実行される前の仕事の結果を R1 という記号で表現します。R1 の R とは Result の頭文字で、実績や成果や質など、いわゆる仕事の出来栄えを示す記号です。R1 の 1 とは、第 1 段階を示す記号です。したがって、R1

とは第1段階での仕事の出来栄えを表現していることになります。この場合には、第1段階を対策が実行される前の結果の状態として、R1と表現します。次に、現状に何らかの対策が実行されたとしたら、現状の仕事の出来栄えが第1段階から第2段階へと変化したとして、結果の状態をR2と表現します。このようにすると、対策が実行されてゆくに伴って結果が変化してゆく段階をR1 → R2 → R3 →…、というように記号で表現することができます。

このようにして、仕事のやり方の変遷を、S1 → S2 → S3 →…、仕事の出来栄えの変遷を、R1 → R2 → R3 →…、という記号で表現できると、S1とR1、S2とR2、S3とR3…、という対になった形で、仕事のやり方と出来栄えの変遷を時系列で表現できるようになります。時系列で表現すると、第1段階のS1-R1から第2段階のS2-R2へ、第2段階のS2-R2から第3段階のS3-R3へ、といったように状態が変化したと表現することができます。

❖問題解決への取組みの全体像

それでは、問題解決ストーリーの本題に入ります(**図表4.4**)。問題解決フレームワークを活用することで、あるべき姿、現状、問題(ギャップ)の関係を明確にできることが分かりました。そして、問題解決フレームワークで明確になったあるべき姿と現状をもとにして、あるべき姿の実現へ向けて現状を変化させるための取組みとして、課題が設定できることが分かりました。さらに、ロジックツリーを活用して、どのように(How)や何を(What)の視点で論理展開することにより、問題解決のための課題を対策が実施できるレベルにまで分解できることが分かりました。ここまできたら、いよいよ課題解決への具体的な取組みを始める段階です。

ここで、問題解決の考え方についていま一度整理しておきます。問題解決とは、あるべき姿の実現へ向けて現状を変化させてゆくことを課題として、その課題を解決してゆくことで問題が発生しない状態をつくることです。したがって、問題解決活動とは、あるべき姿の実現を狙いとして、問題の低減を目標とし、現状を課題解決への取組み対象とした、総合的な活動といえます。このよ

第 4 章　課題を設定する

図表 4.4　問題解決ストーリー

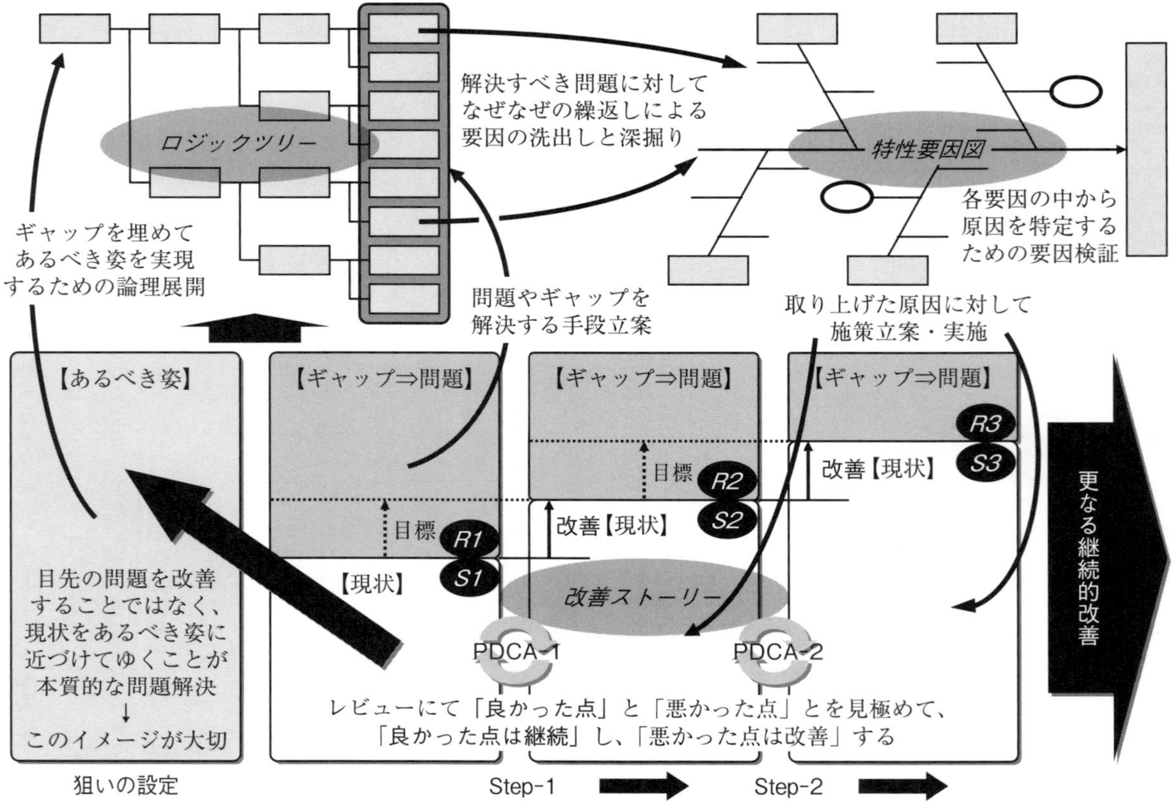

うに考えると、現状は仕事のやり方を表現するSとして、問題は仕事の出来栄えを表現するRとして、各々考えることができます。

❖ Step-1 での取組み(図表 4.4)

まずは、問題(R1)の中から解消すべきギャップや悪しき事象を選択して、目標値として設定します。次に、ロジックツリーで展開した施策の中から、優先度や有効度などを考慮しながら目標値を満足し得る施策を選択します。そして、選択した施策を通じて、仕事のやり方を現状(S1)から、あるべき姿の実現へ向けてどの程度まで変化させるのかをイメージします。ここで、第1段階としての仕事のやり方に関する改善前の状態(S1)と、仕事の出来栄えに関する改善前の状態(R1)を、各々明確化しておきます。

目標値が設定されて施策が選択されたら、特性要因図を活用したなぜなぜ展開を通じて、取り上げた施策がこれまで実施されてこなかった、もしくは実施できなかった理由を深掘りします。最後に、なぜなぜ展開した要因の中から要因検証を通じて対策を実施すべき対象を選択し、この対象に対して然るべき対策を実行してゆくことで、対策が実行される前と比べて現状が徐々に改善されてゆきます。

このようにして、ロジックツリーから選択した施策に関する一連の対策を実施し終えたら、ここで、第2段階としての仕事のやり方に関する改善後の状態(S2)と、仕事の出来栄えに関する改善後の状態(R2)を、各々明確化します。この結果をもとにして、仕事のやり方がS1からS2へ、仕事の出来栄えがR1からR2へ、どのように変化しているのか、しかも双方の変化の内容がお互いに見合ったものになっているのかについて検証します。さらに、あるべき姿の実現度合いについても確認しておきます。これで、いわゆるPDCAサイクルが一回りしたことになります。

❖ Step-2 以降での取組み(図表 4.4)

そして、あるべき姿の実現へ向けて更なる取組みを図るために、仕事の出来

栄えに関する改善後の状態(R2)の更なる向上を目指して新たな目標値を再設定します。次に、ロジックツリーで展開した施策の中から、優先度や有効度などを考慮しながら目標値を満足し得る施策を選択します。最後に、仕事のやり方に関する改善後の状態(S2)から、あるべき姿の実現へ向けて、さらにどの程度まで変化させてゆくのかについてイメージします。このような進め方で再びPDCAサイクルをスパイラルアップする形で回してゆくことで、あるべき姿の実現へ向けて継続的な取組みが行えるようになります。

❖対症療法的な改善活動は問題解決活動ではない

　つまり、問題解決ストーリーとは、問題解決フレームワークで問題解決の構図をイメージし、この構図を実現するシナリオをロジックツリーで明確化し、このシナリオをPDCAサイクルをスパイラルアップする形で回してゆくことで、継続的な取組みを行ってゆくこと、といえます。

　すなわち、問題解決は、問題を本質的に解決してゆくために、多くの関係者と連携しながら取り組んでゆかなくてはならない、総合的な活動です。だから、単なる問題解決的な手法だけではなく、コミュニケーションやリーダーシップといったスキルなど、総合実務能力として多くのスキルが必要なのです。この点が、特定の問題に対して個別の改善活動に取り組む、対症療法的な改善活動との大きな違いです。言い方を変えれば、このような対症療法的な改善活動の多くが集まって構成された、総合的な活動であるといえます。

　このようなことを考えると、この問題解決ストーリーの中でも肝中の肝が問題解決フレームワークであることが分かると思います。そして、この問題解決フレームワークを活用して、問題を発生させないあるべき姿を具体的な形で精度良く想像することが、非常に重要な取組みであることが分かると思います。あるべき姿をどのように想像できたのかによって、その問題解決活動を通じて得られる成果が決まってしまうだけでなく、問題解決活動の成否自体が決定してしまいます。是非、問題解決フレームワークの思考プロセスを身につけて、より良いあるべき姿を想像できるようになってください。

4.5　問題解決ヒストリーをまとめる

❖問題解決活動の変遷

　問題解決ストーリーにもとづいて問題解決に取り組んだ後は、その取り組んだ結果を問題解決ストーリーに則って、分かりやすく整理した形でまとめ上げることが必要です。そして、取り組んだ結果を、より多くの関係者が共有できる形で残しておくことが、大切な取組みとなります。まさに問題解決活動全体の見える化です。問題解決活動を全体的に見える化するためには、①問題解決フレームワーク、②課題解決ロジックツリー、③問題解決ヒストリーの3点セットが必要です。この内、問題解決フレームワークと課題解決ロジックツリーについては、これまでに既に説明してきているので、ここでは問題解決ヒストリーについて詳しく説明します。

　問題解決ヒストリーとは、問題解決フレームワークと課題解決ロジックツリーを通じて検討してきた内容に対して、実際にこれまでに取り組んできた結果を分かりやすく時系列で整理したものです(**図表4.5**)。**4.4節「問題解決ストーリーを構成する」**で説明しましたが、仕事のやり方の変遷は、S1 → S2 → S3 →…、仕事の出来栄えの変遷は、R1 → R2 → R3 →…、という記号で表現できることを説明しました。さらに、時系列で表現すると、第1段階のS1-R1から第2段階のS2-R2へ、第2段階のS2-R2から第3段階のS3-R3へ、といったような形で変遷を表現できることを説明しました。問題解決ヒストリーでは、この考え方にもとづいて取り組んできた結果を整理します。

　問題解決ヒストリーを語るうえで大事なことは、第1段階から第2段階へといった、時系列の概念です。ここでは、第1段階から第2段階へという抽象的な表現ではなく、「これまでの実態」「現在の状態」「これからの進め方」といった表現で考えます。

　これまでの実態とは、いま説明しようとしている取組みが行われる以前の過去の状態のことで、この領域でS1とR1を明確化します。S1として過去の

第4章　課題を設定する

図表 4.5　問題解決ヒストリーのまとめ

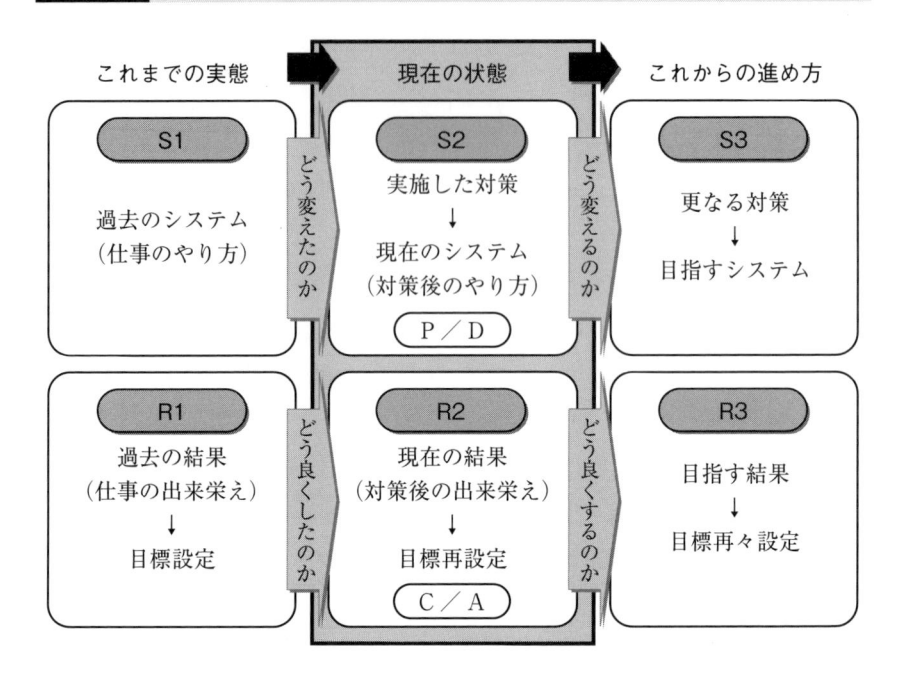

```
        これまでの実態              現在の状態              これからの進め方

         ┌─────────┐    ど   ┌─────────┐    ど   ┌─────────┐
         │   S1    │    う   │   S2    │    う   │   S3    │
         │         │    変   │ 実施した対策 │    変   │         │
         │ 過去のシステム │    え   │    ↓    │    え   │  更なる対策 │
         │ (仕事のやり方) │    た   │ 現在のシステム │    る   │    ↓    │
         │         │    の   │(対策後のやり方)│    の   │ 目指すシステム │
         │         │    か   │  P／D   │    か   │         │
         └─────────┘        └─────────┘        └─────────┘

         ┌─────────┐    ど   ┌─────────┐    ど   ┌─────────┐
         │   R1    │    う   │   R2    │    う   │   R3    │
         │ 過去の結果  │    良   │ 現在の結果  │    良   │ 目指す結果  │
         │(仕事の出来栄え)│   く   │(対策後の出来栄え)│  く   │    ↓    │
         │    ↓    │    し   │    ↓    │    す   │ 目標再々設定 │
         │  目標設定  │    た   │ 目標再設定  │    る   │         │
         │         │    の   │  C／A   │    の   │         │
         │         │    か   │         │    か   │         │
         └─────────┘        └─────────┘        └─────────┘
```

　システム、すなわち過去の仕事のやり方を、R1として過去の結果、すなわち過去の仕事の出来栄えを各々分かりやすくまとめます。さらに、このR1には、過去の結果を変化させるための目標を明確化しておきます。

　現在の状態とは、いま説明しようとしている取組みが行われた後の現在の状態のことで、この領域でS2とR2を明確化します。S2として実施した対策と現在のシステム、すなわち対策を実施した後の仕事のやり方を、R2として現在の結果、すなわち対策を実施した後の仕事の出来栄えを各々分かりやすくまとめます。さらに、このR2には、現在の結果をさらに変化させるための目標を明確化しておきます。この領域で、いま説明しようとしている取組みについて、その内容がPDCAサイクルの形で分かるようにしておく必要があります。

　これからの進め方とは、いま説明しようとしている取組みが行われた後に、

4.5 問題解決ヒストリーをまとめる

さらに目指す状態のことで、この領域でS3とR3を明確化します。S3として、さらに実施する対策と目指すシステム、すなわち次に目指すべき仕事のやり方を、R3として目指す結果、すなわち次に目指すべき仕事の出来栄えを、各々分かりやすくまとめます。さらに、このR3には、現在の結果をさらに変化させるための目標を明確化しておきます。

このようにして、あるべき姿の実現へ向けた一つの取組みを、「これまでの実態」「現在の状態」「これからの進め方」といった形で、分かりやすく整理することができるようになります。これにより、S1からS2への過程で仕事のやり方をどう変えたのかが明確になり、S2からS3への過程で仕事のやり方をどう変えてゆくのかが明確になります。一方、この仕事のやり方と対応する形で、R1からR2への過程で仕事の出来栄えをどう良くしたのかが明確になり、R2からR3への過程で仕事の出来栄えをどう良くするのかが明確になります。

この後、S3で明確にした仕事のやり方が実現して、R3で明確にした仕事の出来栄えが達成されたら、その内容がPDCAサイクルの形で分かるようにまとめ直しておく必要があります。すると、S2→R2での現在の状態という表現が、過去の一つの取組みとして、例えば、現在の状態Step-1といったような表現に変わります。それに伴って、S3→R3が現在の状態Step-2といったような表現に変わります。そして、これらの進め方をS4→R4として追加する形で新たに明確にします。このようにして、あるべき姿の実現へ向けた取組みの結果を順次整理してゆくことで、取組みの全体像を巻物のように整理された形でまとめることができます。この結果、一連の取組みの変遷が、歴史絵巻のように一望できるようになります。それとともに、あるべき姿の実現へ向けた取組みが、軸のブレを起こすことなく継続的に行われるようになります。これが問題解決ヒストリーです。

❖問題解決ヒストリーの作成例

これまで紹介してきた人材育成に関する問題解決フレームワークをもとにして、問題解決ヒストリーの作成について具体的に説明します(図表4.6)。これ

第4章 課題を設定する

図表 4.6　問題解決ヒストリーの作成例

	これまでの実態	現在の状態	これからの進め方
システム（仕事のやり方）	・様々な研修において問題解決スキル教育が実施されているが、全体的に脈絡がなく、各研修で個別最適的に実施されている。　　　　　　S1	・各社員階層に対応した問題解決教育の仕組みが構築できた。 ・全職種に適用できる問題解決教育プログラムが体系的に整備できた。 ・問題解決力が定量的に計測できるようになった。　　　　S2	・現場の教育推進機能と連携した問題解決教育展開の仕組みが構築できている。 ・問題解決に関する共通言語・マインド・風土の形成に役立つ教育が現場へ展開できている。　S3
結果（仕事の出来栄え）	・問題解決力を育成する教育が各社員階層に対して一貫して展開できるようになっていない。 ・問題解決力を育成する教育プログラムが体系的に整備されていない。 ・現場の意識・業務改善力の向上につながる問題解決教育環境の整備を充実する。　　R1	・現場の意識・業務改善力の向上につながる問題解決教育環境が整備されてきた。 ・しかし、現場での問題解決に関する意識ならびに業務改善力の向上につながる展開ができていない。 ・現場との連携を通じた現場強化につながる問題解決教育を展開する。　R2	・現場の教育と連携して現場に役立つ形で問題解決教育が継続的に展開できている。 ・現場での問題解決に関する意識ならびに業務改善力が高まっている。　　　　　　　　　R3
課題	体系的で一貫した問題解決教育プログラムの整備充実と各社員階層への確実な教育の展開		

までの実態を示す S1 → R1 の S1 には、問題解決フレームワークの現状を踏まえた内容が記載されています。同じく R1 には問題解決フレームワークの問題を踏まえた内容と、その問題を良くさせてゆくための目標が記載されています。すなわち、これまでの実態を示す S1 → R1 には、問題解決フレームワークの現状と問題の領域に記載されている内容が反映されることになります。

次に、現在の状態を示す S2 → R2 の S2 には、R1 に記載されている目標を踏まえて、S1 に対して変えた内容が記載されています。同じく R2 には S2 に記載されている内容に対応した形で、R1 に対して良くなった内容と、その問題をさらに良くさせてゆくための目標が記載されています。

最後に、これからの進め方を示す S3 → R3 の S3 には、R2 に記載されている目標を踏まえて、S2 に対して変えてゆく内容が記載されています。同じく R3 には S3 に記載されている内容に対応した形で、R2 に対して良くなった内容と、その問題をさらに良くさせてゆくための目標が記載されています。

❖問題解決活動の共有

このような形で問題解決に取り組んだ経緯がまとめられていると、自分の頭の中の整理にとても役立ちます。また、関係者との内容の共有が容易になることで、問題解決活動への巻き込みを図りやすくなります。一方、昇進・昇格などの際に作成する論文などで自分の業績を説明する時などには、この問題解決ヒストリーの考え方が欠かせません。自分がこれまでに取り組んできた実績や成し遂げてきた成果を、相手に一生懸命説明しているのに一向に伝わらない、といったことがよく見受けられます。このような事態の多くは、問題解決ヒストリーの考え方で説明を展開することで回避できます。

第5章

課題を解決する

5.1 なぜなぜを展開する

❖ 特性要因図

　特性要因図とはQC七つ道具の中の代表的な手法の一つで、この言葉を聞いたことがない人はほとんどいないのではないかと思われるほどポピュラーな手法です。ここで、この特性要因図を取り上げる理由は、単にポピュラーな手法であるからではなく、課題を解決するためには特性要因図が非常に重要、かつ役立つ手法であるにもかかわらず、正しく活用されていないケースが意外と多く見受けられるからです。

　特性要因図の本来の目的は、課題を解決するために取り上げられた問題を特性として設定し、この問題を発生もしくは増長させていると考えられるもの、これを要因とよびますが、この要因を漏れなく洗い出すことです。さらには、この洗い出された要因の中から問題との結び付きが強いもの、これを原因とよびますが、この原因を特定して、対策を実施する対象を見出すための取組みへとつなげてゆくための、非常に重要な手法なのです。このことから、課題を解決することにおいて特性要因図には、①要因を漏れなく洗い出すこと、②対策

第5章 課題を解決する

を実施する対象を見出す取組みへつなげることの2つのポイントが期待されているといえます。

❖対策を実施する前に考えるべきこと

　実は、この2つのポイントの中でも、「対策を実施する対象を見出す取組みへつなげること」という目的では意外と活用されていないのです。なぜなら、問題が設定されると、どのような対策を実施して問題に対処しようか、といったような形で、いきなり対策の検討に入ってしまうことが仕事上でしばしば見受けられるからです。いわゆる、対策志向という行動です。特性要因図を活用することなしに対策検討の段階へ突入していってしまうのです。このようなやり方で対策が検討されてしまうと、一体どのようなことが起きるのかについて考えてみてください。

　例えば、ここに体重が減少しない、といった問題を抱えているAさんがいます。Aさんが、「体重を減らすためには」といった形で色々と対策を考えてみると、食事の量を減らす、運動をする、規則正しい生活をするなど、様々な対策をアイデアとして思いつきました。そこで、Aさんは、「それでは運動をすることにしよう」という対策を選択して、実行しました。これは、実生活でよくあるケースで、話として特に違和感がないかも知れません。特性要因図なんてものを作成しなくても、立派に対策を立案できて、実行することができたようです。でも、本当にこれでうまくいったといえるのでしょうか。Aさんは対策として立案した運動を継続できるのでしょうか。そして、運動して首尾よく体重が減少するのでしょうか。極めて疑問となる点が多々ありませんか。

　Aさんが運動をすることを選択したのは、KKDといわれる勘と経験と度胸を理由にしたものであって、それ以外には合理的な理由が見当たりません。Aさんは、体重が減少しない原因についてはいっさい考えていません。体重が減少しない理由が、もし食生活面にあったとしたら、いくら運動を継続してもほとんど効果を得られないかも知れません。また、Aさんはこれまで何度となく運動に取り組んできたにもかかわらず、途中で挫折してしまっているとした

ら、運動を継続することすらできないかも知れません。

　Aさんの取組みには、どこに問題があるのでしょうか。それは、対策を検討する前になぜを考えていないことです。なぜ体重が減少しないのかについて考えていないのです。具体的にいうと、特性要因図を活用してなぜを展開していないのです。問題を発生させている原因を摑もうとしていないのです。だから、真の原因を潰してゆく対策を実施できていないのです。Aさんは、対策を検討する前に、特性要因図を活用してなぜなぜを展開することで、問題を発生させている原因を摑んでおかなければならなかったのです。

　このようなやり方で対策が検討されてしまうと、一体どのようなことが起きるのかについて考えてみてください、という問い掛けに戻りましょう。例えば、会社の仕事上で何らかの対策を実施すると、その対策がどのような内容であったとしても、人・物・金といった会社の経営資源を少なからず消費します。すなわち、対策を実施することは会社の経営資源の消費につながることを肝に銘じておく必要があるのです。したがって、対策を検討する場合には、対策を打つべき原因を確実に摑んだうえで、対策によって消費されるであろう経営資源に見合う以上の効果が期待できる、ということが求められます。「下手な鉄砲も数打ちゃ当たる」といったような安易な考え方で対策を立案・実施してはならないのです。このようなことを防ぐためには、①対策を検討する前に、特性要因図を活用して要因を漏れなく洗い出すこと、②対策を実施する対象を確実に見出すことの2つのポイントを実施しておくことが必要なのです。

❖特性要因図を活用する

　対策を立案・実施する前に特性要因図が活用されない理由を確認すると、検討するのに時間が掛かる、考えてもありきたりの要因しか出てこない、といったことが主な意見として出てきます。このような理由に対してなぜなぜを展開してみると、自分一人で特性要因図を作成しようと考えていることが主な原因として浮かび上がってきます。もし、そのように考えている人がいたら、いまここでその考えを改めてください。

第 5 章　課題を解決する

　特性要因図は一人でなく、多くの人たちとともに議論をしながら作成してゆくものなのです。多くの人たちと議論をしながら作成することで、多くの意見が出てくるので検討する時間が少なくなり、多くの人たちの知恵が出てくるので検討する要因がありきたりでなくなります。この結果として、短い時間で出来栄えの良い特性要因図が作成できるようになるのです。

　このようにすると、5〜6人程度の人が集まって、30分程度の時間を掛けるだけでそこそこの出来栄えで、1時間程度を掛けると相当な出来栄えで、特性要因図を描くことができます。しかも、特性要因図の作成を通じて行われるなぜなぜの展開は、この経験を積めば積むほど思考プロセスが形成されて展開が上手になるので、色々な題材で数多く作成してみることが大切です。30分〜1時間程度の時間なら、日常業務の中の工夫ひとつでいくらでも生み出すことができると思います。是非一緒に検討してくれる仲間を集めて実践を心掛けてください。

❖ なぜなぜを展開する——なぜなぜ展開チャート

　ここで、多くの人たちと特性要因図を作成する時に役立つツールとして、なぜなぜ展開チャートを紹介します（**図表5.1**）。実は、特性要因図を作成する時、いきなり魚の骨を書き出そうとしても、なかなかうまく検討が進みません。多くの人たちが集まって検討を始めたとしたら、なおさらのことです。検討がうまく進まない理由は、なぜなぜを展開する作業と、展開した結果を魚の骨に落とし込む作業を、各々同時並行で行わなければならないからなのです。これでは、二兎を追う者一兎をも得ずの状態になってしまうので、この2つの作業を各々分けて行うようにすれば良いのです。

　このために役立つツールがなぜなぜ展開チャートです。一見すると、なぜなぜ展開チャートはロジックツリーそのものです。ロジックツリーを活用したなぜ（Why）の論理展開は問題の深掘りに対して役立つ考え方なので、なぜなぜ展開チャートを活用して、なぜ（Why）の論理展開をまず始めに行っておくようにすると良いのです。なぜなぜ展開チャートの左端に位置するトップ事象に

5.1 なぜなぜを展開する

図表 5.1　なぜなぜ展開チャート

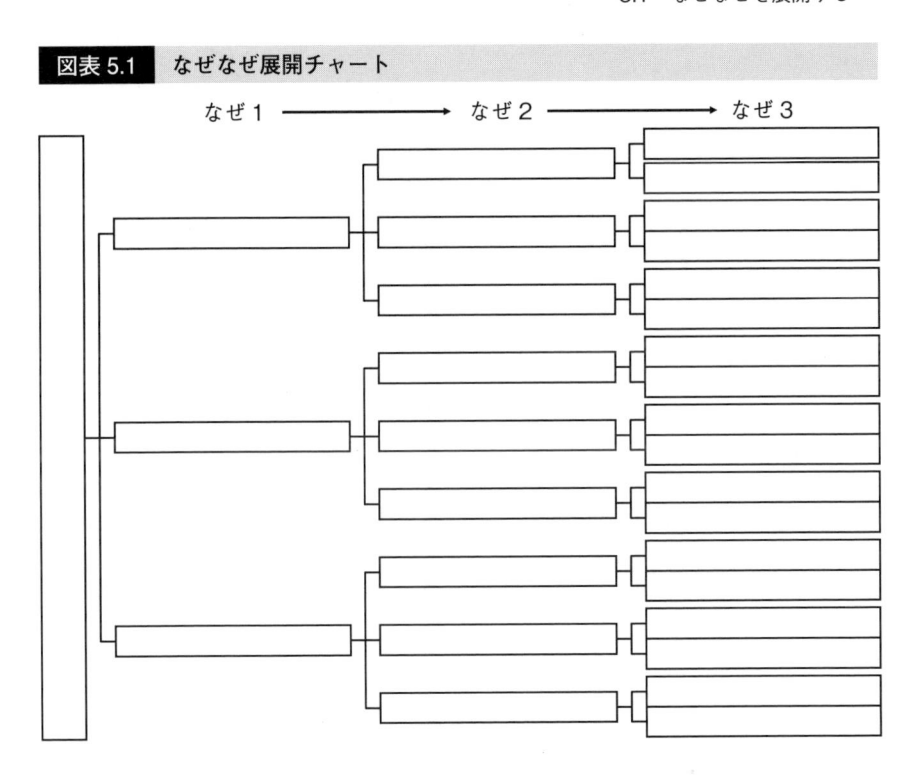

なぜ1　　　　　　なぜ2　　　　　　なぜ3

　取り上げた問題を設定して、3つほどの観点から各々3回程度のなぜなぜを展開するのです。この作業を各参加メンバーに前もって個人作業で行ってもらっておくと、参加メンバーの頭の中となぜなぜ展開チャートは、なぜなぜで整理された状態になります。この状態になってから、各々のメンバーがなぜなぜ展開した結果を踏まえながら、メンバー全員で魚の骨への落とし込みを行ってゆくようにするのです。

　このような進め方で検討を行ってゆくと、なぜなぜ展開チャートでの個人作業に10〜15分程度、その後のメンバー全員での魚の骨への落とし込みに30〜45分程度、合計で1時間弱の時間で特性要因図を作成できます。

　こうして作成した、問題解決力が低いことに関する特性要因図を参考例として、**図表5.2**に示します。ちなみに、パソコンで清書する時間を除けば、この

第5章 課題を解決する

図表5.2 問題解決力が低いことに関する特性要因図の例

（問題解決力が低い）

メンバー
- 考え方
  - 多忙
  - マインド
  - 勉強嫌い
  - 性格
- 必要性感じない
- その場しのぎ
- 面倒
- 特に評価されない
- データ収集が面倒
- モチベーション
- 有効性が分からない
- 改善ストーリー展開力
- 問題解決スキル
- 想像力・企画力　仮説検証力

現場風土
- 仕事での勘所が認識不足
- 個人主体の業務対応
- 業務習慣
- 勘と経験にもとづいた仕事
- 働き掛け
- 上司のOJT
- マネージャーの問題解決スキル
- マネジメント
- 方針展開
- 上司の問題解決スキル
- 明確な目標
- 重要性
- 納得性
- 目指す姿
- レビュー
- 継続性
- 重点目標

教育環境
- 講座体系
- 講座不足
- 研修体制
- 講師不足
- 自己啓発
- 受講機会
- 上司の働き掛け
- 現場指導者がいない
- 実務での指導
- 実践の場
- 研修後フォロー不足
- 活用する機会がない

業務環境
- 時間的余裕
- 討議時間
- データ収集時間
- データがない
- 担当業務
- 経験
- 固定観念
- 受け身
- 慣れ

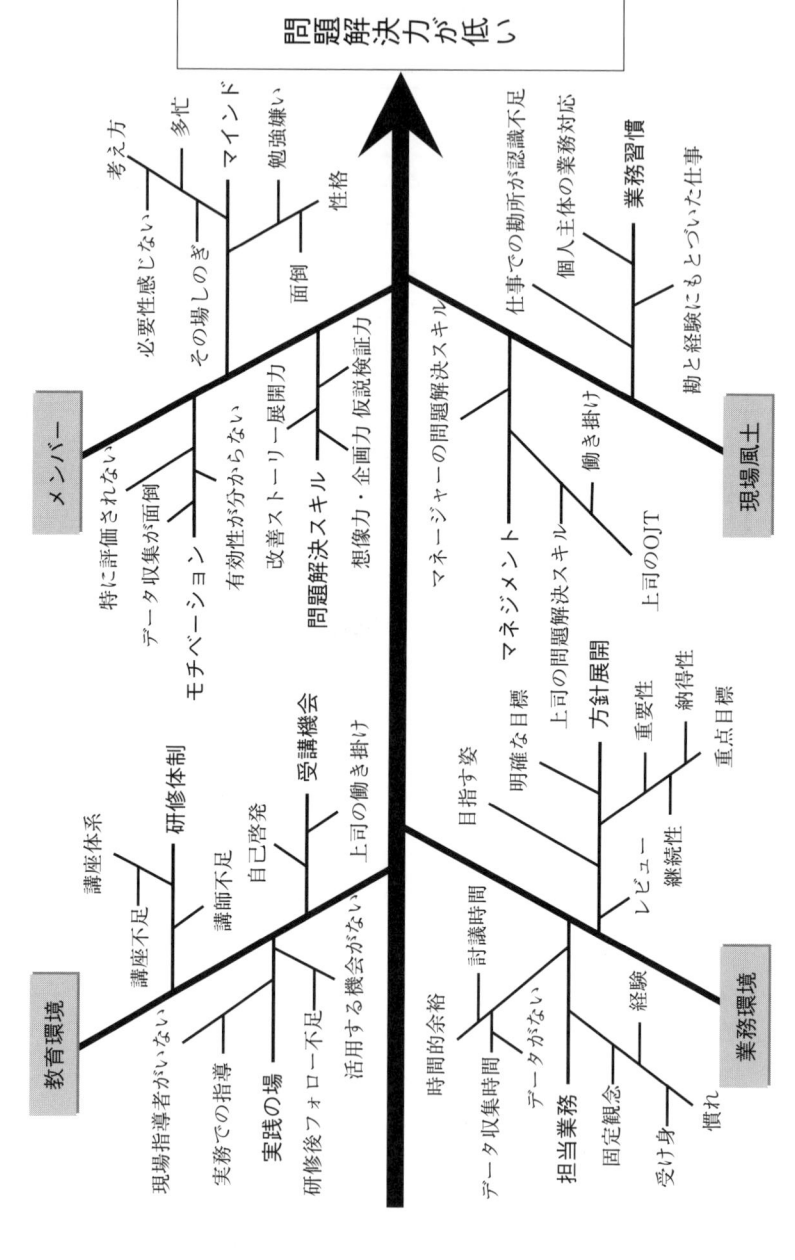

特性要因図を作成するのに要した時間は約1時間です。

5.2 特性要因図で要因を検証する

❖要因と原因

　特性として取り上げた問題に対して、なぜなぜを展開して特性要因図を作成したとしても、まだこの段階では対策を検討してはいけません。なぜなら、特性要因図に網羅されているのは要因だからです。対策は要因に対して実施するのではなく、原因に対して実施するものです。

　ここで、要因と原因の違いを確認しておきましょう。要因と原因を同じように考えてしまっている人も見受けられますが、要因はあくまでも要因であって、原因ではないのです。要因はなぜなぜ展開を通して見出された、問題の発生と関係がありそうな仮説なのです。警察用語でいえば被疑者のことなのです。被疑者の段階では未だ起訴できないので、警察は被疑者に対して様々な証拠固めを行います。そして、証拠が固まってこれで間違いがないと見極めができた段階で、初めて被疑者を起訴できるのです。もし、この見極めに誤りがあると、冤罪事件になってしまうかもしれないのです。

　このように、要因に対しても同じような証拠固めを行って、数多くの要因の中から原因を見極めることが必要なのです。もし、この見極めに誤りがあると、結果として効果のない無駄な対策を実施してしまうことになり、会社の経営資源に損失を与えることになってしまいます。したがって、数多くの要因の中から原因を見極めることは、問題解決活動の中でも非常に大切な取組みなのです。この取組みを要因検証といいますが、特性要因図の作成とともに、この要因検証も意外と現場で行われていません。

❖要因検証で原因を特定する

　それでは、要因検証の進め方について説明します(図表5.3)。まずはじめに、

第5章　課題を解決する

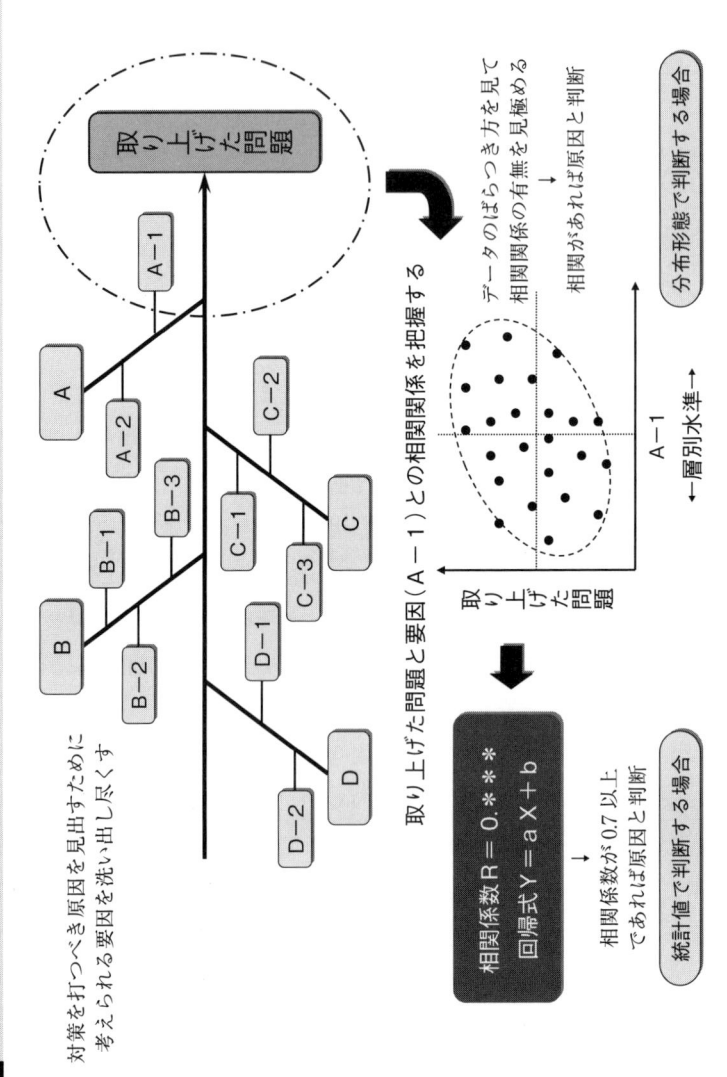

図表 5.3　相関分析による要因効果の検証

対策を打つべき原因を見出すために
考えられる要因を洗い出し尽くす

取り上げた問題と要因（A-1）との相関関係を把握する

- データのばらつき方を見て相関関係の有無を見極める
  - 相関関係があれば原因と判断
  - → **分布形態で判断する場合**

- 相関係数 R = 0.***
  回帰式 Y = aX + b
  - 相関係数が 0.7 以上であれば原因と判断
  - → **統計値で判断する場合**

122

5.2 特性要因図で要因を検証する

特性要因図の要因の中から原因と思しき要因をピックアップします。次は、このピックアップした要因と特性として取り上げた問題との関連性を、データにもとづいて検証します。この時に役立つ手法がQC七つ道具の一つである散布図と、統計的手法である相関分析です。この2つの手法は、異なる2つの特性値間の関連性を、相関度という視点で判断するためのものです。

　散布図を活用すると、X軸に設定した特性値とY軸に設定した特性値との相関度をグラフを使って定性的に判断することができます。グラフにプロットしたデータのばらつき方を見て、その分布形態より相関度を判断します。この時、X軸の特性値の変化に対してY軸の特性値がほぼ直線的に変化していると見做せるのなら、2つの特性値間に相関があると判断します。

　相関分析を活用すると、2つの特性値間の相関度を相関係数を使って定量的に判断することができます。2つの特性値間の相関係数の大きさを見て、その統計値より相関度を判断します。この時、相関係数が0.7以上の値になっていたら、2つの特性値間に相関があると判断します。

　ところで、この2つの手法には各々メリットとデメリットがあるので注意が必要です。散布図を活用した場合には、データ全体の分布形態が目で見えるというメリットがありますが、データのばらつき方によっては相関の有無の判断がどうしても曖昧になってしまう場合がある、というデメリットがあります。相関分析を活用した場合には、相関の有無の判断が数値で厳密にできるというメリットがありますが、データのばらつき方によっては判断ミスを起こしてしまう場合がある、というデメリットがあります。

❖異常なデータ分布（図表5.4）

　例えば、データの中に分布の母集団から外れた異常なデータが存在していると、その異常なデータによって、母集団自体には相関があるのに相関係数が低く算出されてしまったり、母集団自体には相関がないのに相関係数が高く算出されてしまったり、といったケースが発生することがあります。したがって、2つの特性値間の相関を判断する場合には、散布図と相関分析の双方の手法を

図表5.4　様々なデータの分布形態

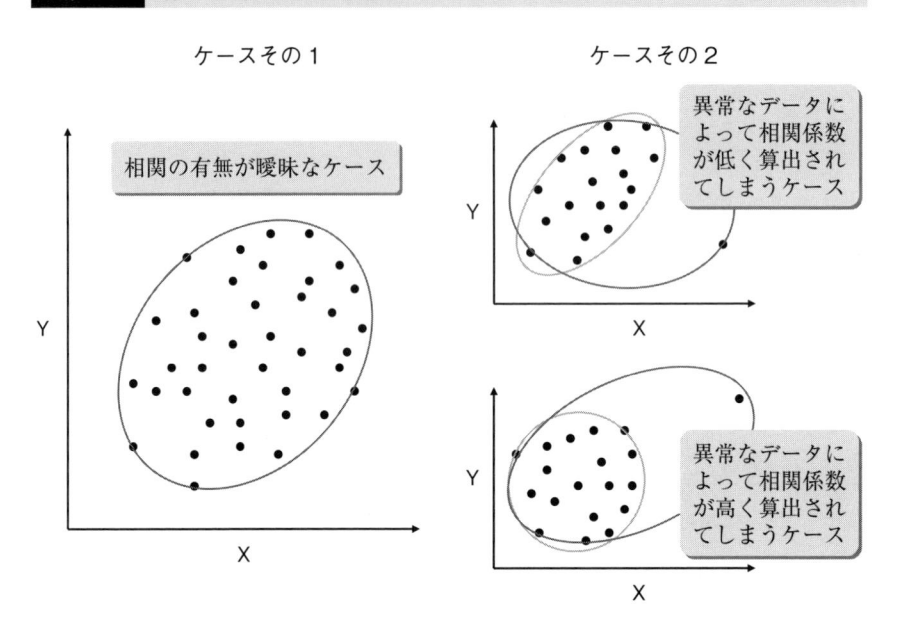

ケースその1

相関の有無が曖昧なケース

ケースその2

異常なデータによって相関係数が低く算出されてしまうケース

異常なデータによって相関係数が高く算出されてしまうケース

活用して、総合的に判断することが望ましいやり方といえます。

とにかく、散布図や相関分析を活用することによって、要因検証、すなわちピックアップした要因と特性として取り上げた問題との関連性を確認してゆくことで、数多くの要因の中から原因を見極めてゆくことが必要なのです。そして、対策を検討する前にこのステップを必ず踏むことによって、「原因に対して対策を検討する」ということを確実に行えるようにしてください。このことが、問題解決活動の精度を向上させて、経営資源の損失を防ぐことにつながるのです。

5.3　QC七つ道具活用のポイント

❖ QC七つ道具を活用する

　問題解決活動は、あるべき姿の実現へ向けて設定された課題を解決するために、必要とされる改善活動をスパイラルアップする形で継続的に実施してゆく包括的な取組みです。したがって、問題解決活動が問題認識の段階から課題設定の段階を経て、いよいよ課題解決の段階に移ってくると、必要とされる改善活動においてPDCAサイクルを効率的、かつ効果的に回してゆくことが必要となります。この時に役立つ手法として、QC七つ道具があります。QC七つ道具の中の特性要因図や散布図、層別などについては、これまでの説明を通じて既に取り上げてきました。ここでは、それらの手法についてのおさらいを兼ねて、QC七つ道具を活用する際のポイントについて説明します。

❖ 特性要因図を活用する

　特性要因図とは、特性と、それに影響を及ぼすと思われる要因との関係に着目し、それらの個々の関係を魚の骨で表現することにより、特性と要因の関係を把握できるようにするための手法です（**図表5.5**）。中骨で分類項目が、小骨で具体的な要因が、各々明確になるように作成します。特性要因図を作成してゆく過程で分類項目と要因との関係を深掘りすることができるので、この後に実施する「原因の究明」や「対策の立案」に大きな影響を与える重要な手法です。

　この特性要因図を活用するポイントは、とにかく考えられる要因を、先入観にとらわれずに漏らさずに洗い出すことです。このためには4M2Sの視点が役立ちます。Man、Machine、Material、Method、Space、System/Standardの視点ごとに要因を検討してゆくことで、要因の漏れ防止に役立ちます。例えば、まずは人の要素について徹底的に考えて、次は設備や機械の要素について徹底的に考えて、といったようなやり方で深掘りを進めてゆけば良いのです。この

第5章　課題を解決する

図表 5.5　特性要因図

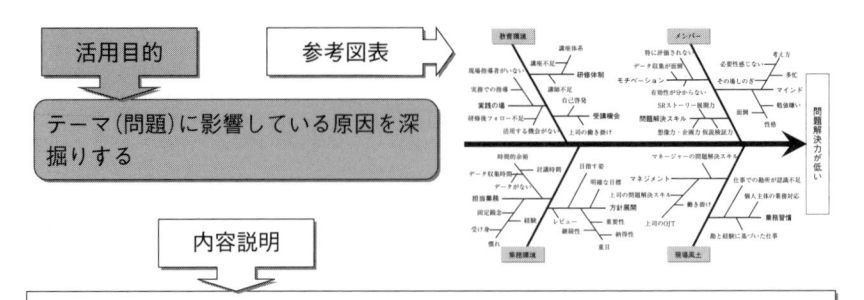

活用目的：テーマ(問題)に影響している原因を深掘りする

参考図表

内容説明：
　特性要因図とは、特性(現象や結果など原因を探ろうとする対象をいいます)と、それに影響を及ぼすと思われる要因(特性に影響を与える、もしくは原因となりえること)との関係に着目し、それらの個々の関係を系統的にまとめて魚の骨のような図で表現することにより、特性と要因の関係を把握できるようにするためのものです。
　作成する際には、始めに中骨に相当する分類項目を記入し、次に小骨に相当する具体的な要因を記入してゆきます。この過程で分類項目と要因との関係を深掘りすることができ、次工程である「原因の究明」や「対策の立案」につなげることができるので、作成した特性要因図の中の重要と思われる要因にはマークを付けておきます。

段階で原因となる要因が漏れてしまっていると、この後に実施する「原因の究明」や「対策の立案」が意味のないものになりかねないので、要因を徹底的に洗い出すことが大切です。

❖チェックシートを活用する

　チェックシートとは、点検や管理に必要な項目をリストアップしたもので、現場・現物・現実で観察しながらデータ収集を簡単に行えるようにしたものです(**図表5.6**)。このチェックシートを活用して得られた調査結果をパレート図やヒストグラムなどのQC七つ道具を使って処理することで、現状を見える化できるようになります。

　このチェックシートを活用するポイントは、データを収集する目的を明確に

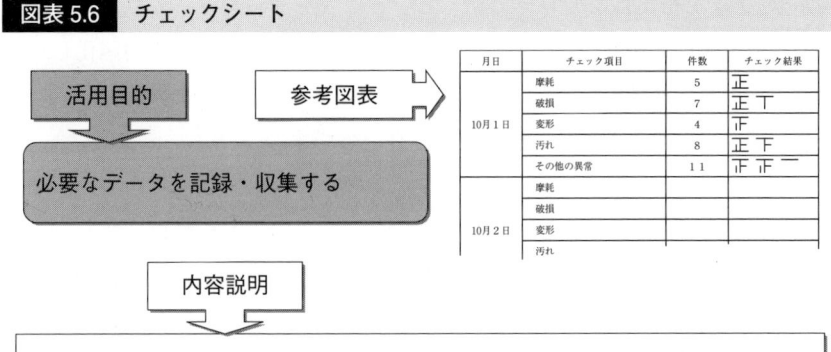

5.3 QC 七つ道具活用のポイント

図表 5.6 チェックシート

活用目的 → 必要なデータを記録・収集する

参考図表 →

月日	チェック項目	件数	チェック結果
10月1日	摩耗	5	正
	破損	7	正丁
	変形	4	正
	汚れ	8	正下
	その他の異常	11	正正一
10月2日	摩耗		
	破損		
	変形		
	汚れ		

内容説明

　チェックシートとは、点検や管理に必要な項目や図などが予め印刷されている調査用紙であり、観察結果を用紙にチェックするのみでデータの収集ができるものです。
　チェックシートは設計段階が重要で、目的に合ったデータを確実に収集できるように「項目」と「チェック基準」を決めたうえで、さらに使いやすいシートにすることです。
　例えば、不良品の発生状況が分類項目ごとにどのように分布しているかを把握したり、作業点検リストを一覧にして作業見落としを防止することができます。前者の例は「調査・記録用」、後者の例は「点検・確認用」のチェックシートです。

することです。そして、その目的に合ったデータを確実に収集できるように項目とチェック基準を設定して、チェックしやすく、集計しやすいフォーマットを作成することです。

　様々な目的で行われるアンケートなどはチェックシートの活用例の一つですが、実際にアンケートを行う場合に、聞きたい項目をただ単に羅列しただけの内容になっていることがよくあります。このような形で安易にアンケートを実施してしまうと、手間と時間を掛けて集計したアンケート結果をいざ分析しようとした時に、アレやコレやと聞いておけば良かったことが後になって分かってくることがあります。これではもう時既に遅しで、十分な分析結果が得られなくなってしまいます。

　このような事態に陥ることを防ぐためには、「アンケートは何のために行う

のか」「アンケートはなぜ行うのか」ということをじっくり考えて、アンケートの目的を事前に明確化しておくことが必要です。そして、この明確化したアンケートの目的を確実に実行できるように、ロジックツリーの考え方を活用して具体的なアンケート項目を検討すれば良いのです。

❖ヒストグラムを活用する

　ヒストグラムは、横軸が一定間隔で区分されたデータ範囲に、縦軸が各々のデータ範囲内での事象の発生度数になった、いわゆる小学生の時代に学校で学んだ棒グラフのことです（図表5.7）。このようにして作成されたヒストグラムは、事象の分布状態を表現しているので、分布の形、分布の中心値、分布のばらつき度合い、規格値からのずれなどを見た目で知ることができます。データ

図表5.7　ヒストグラム

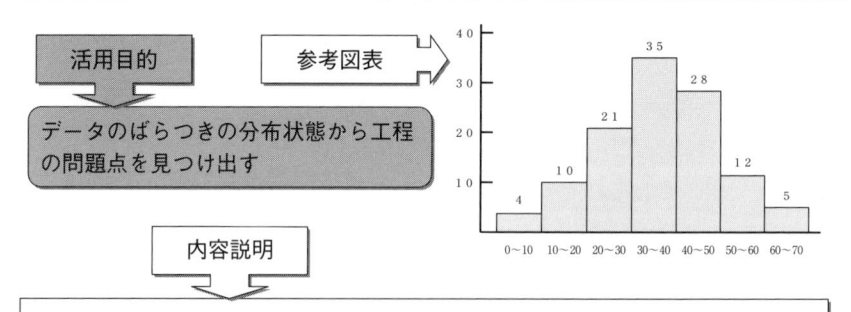

活用目的

データのばらつきの分布状態から工程の問題点を見つけ出す

参考図表

（ヒストグラム：0〜10は4、10〜20は10、20〜30は21、30〜40は35、40〜50は28、50〜60は12、60〜70は5）

内容説明

　ヒストグラムとは、横軸にデータ範囲、縦軸に度数をとった柱状図であり、データのばらつきの分布状態を表現することで、その特性を知ろうとするものです。出来上がったヒストグラムを分析する時の視点は、①データの分布の形、②データの中心の位置、③データのばらつきの大きさ、④データと規格との関係などです。
　例えば、同じ工程から生産されるものは一般的に山形（正規分布）になりますが、この山形が「頂上が分かれた形」や「片方に偏った山」になっていたら工程に問題があると捉え、原因を究明して必要に応じて対策を実施します。また、特徴ある分布形状は原因との関係が特定できるので、原因究明を早めることができます。

を計算すれば、平均値やばらつきといった特性値を知ることもできます。

　例えば、同じ環境下にある工程でつくられたシャフトの軸径のデータは、正規分布とよばれる左右対称の山形の形状になるのが一般的です。しかし、この山の頂点が、左右にずれていたり、頂点が2箇所に分かれていたり、といった異常な状態になっていたら、工程に何か問題があると判断できます。また、山の裾野は、広いほどばらつきが大きくて精度が悪く、狭いほどばらつきが小さくて精度が良い、と考えることができます。

　正規分布では、平均値から標準偏差1つ分離れた範囲内にはデータ全体の約68%が含まれ、平均値から標準偏差2つ分離れた範囲内にはデータ全体の約95%が含まれ、平均値から標準偏差3つ分離れた範囲内にはデータ全体の約99.7%が含まれる、と考えることができます。標準偏差とは、平均値からのデータのばらつき度合を示すものです。

　このヒストグラムを活用する際のポイントは、横軸を一定間隔で区分するデータ範囲を適切に設定することです。大き過ぎず、小さ過ぎず、ということです。このデータ範囲の設定条件が悪いと、グラフの棒の幅が太くなり過ぎたり細くなり過ぎたりして、分布が正しい形で表現されないことがあります。このようなことを防ぐためには、データ範囲の設定条件をいくつかのケースで変えながら分布の形状変化を確認してゆくことで、最も正しいと思われる設定条件を見出します。

❖偏差値の話

　ここで、ヒストグラムの考え方を活用した、誰でも知っている有名な例を紹介します。それは、進学の時などで活用される偏差値です。偏差値は、ある頭の良い先生によって考案された特性値だそうです。

　学校ではテストを通じて学生の学力を評価しますが、同じ環境で勉強して同じテストを受けた学生間なら評価の環境が同じなので、テストの点数で優劣比較を行うことができます。しかし、テストの内容が違ったり、学校が違ったり、といったケースでは、評価の環境が異なっているので、テストの点数で優劣比

第5章 課題を解決する

較を行うことができません。このように、異なった評価の環境で実施されたテストの結果で優劣比較を行うには一体どのようにしたら良いのか、と先生は考えたのです。

この結果、この先生は、全員のテストの点数がほぼ正規分布を形成している、ということに目をつけました。そして、全員のテストの点数を一つの正規分布に従うとして、テストの点の高さを平均値で、テストの点数のばらつきを標準偏差で、各々捉えました。さらに、この結果をもとにして、全員のテストの点数を、平均値を50点、標準偏差を10点として正規化した分布に当てはめて換算を行ったのです。これが偏差値です。

例えば、実際のテストの点数分布が、平均値が40点、標準偏差が5点の分布であったとします。この例では、テストの点数が平均値の40点であった生徒の偏差値は50となります。テストで50点であった生徒の偏差値は、平均値（50点）を標準偏差（10点）を2つ分上回っているので、70となります。この偏差値は分布上での位置を示しているので、テストの平均値や標準偏差の違いを気にすることなく、比較評価することが可能となるのです。これが、生徒たちを苦しめている偏差値なのです。

❖ 散布図を活用する

散布図とは、2つの変動要素を縦軸と横軸にしてデータをプロットしたものであり、2つの変動要素の間の関係性を視覚的に明らかにするものです（図表5.8）。横軸データが大きくなるに連れて縦軸データが大きくなる場合を正の相関、横軸データが大きくなるに連れて縦軸データが小さくなる場合を負の相関と判断します。

ところが、横軸データが変化しても横軸データに伴った変化が見受けられない場合、すなわち、全体に散らばっているような場合には、相関なしと判断します。このように、散布図をもとにした関係性の判断は定性的な視点で行われるので、精度を欠いたものになりがちです。このことを補う方法として、相関係数を算出することで2つの要素の相関の度合いを定量的に把握することも併

5.3 QC七つ道具活用のポイント

図表5.8　散布図

活用目的：2つの変動要素に関係があるか否かを調べる

参考図表：（縦軸Y、横軸Xの散布図）

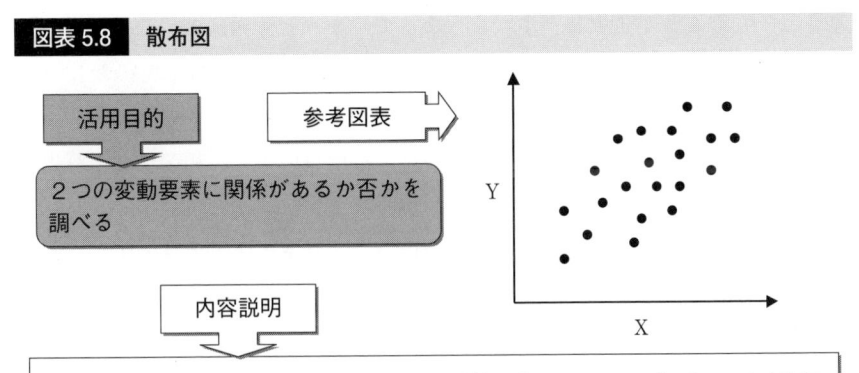

内容説明：

　散布図とは、2つの変動要素を縦軸と横軸にとってデータをプロット（点記入）した図であり、2つの要素関係を図にすることで視覚的に明らかにするものです。2つの変動要素の間に関係があるのか、またあるとしたらどんな関係があるのかということを調べるために使います。
　例えば、横軸データが大きくなるにつれて縦軸データが大きくなる場合を「正の相関」、縦軸データが小さくなる場合を「負の相関」、全体に散らばっている場合は「相関なし」と判断することができ、また相関係数を算出することで2つの要素の相関の度合いを定量的に表現することができます。

せて必要となります。

　この散布図を活用する際のポイントは、見た目で正確な判断ができるように散布図を描くことです。しかし、Excelで散布図を作成すると、まったく同じ位置にプロットされたデータは実際には2つ存在するのに、見た目では1つにしか見えません。データが1、2、3といった小数点以下が存在しない整数などの場合には、こうしたことが特に発生しやすく、1箇所に数個のデータが重複することもあります。こうなると、見た目の一つひとつのプロットにはデータの重複による重みが生じるようになるのですが、この重みが見た目で分からないので、結果として判断ミスにつながる恐れが出てきます。

　また、X軸とY軸のスケールの大きさにも注意が必要で、できれば両軸を同じスケールにして描くことが望ましいのですが、場合によっては、X軸の一目盛りとY軸の一目盛りが見た目に同じ大きさなのに、スケールが10倍も

違うといったことが発生します。こうなってしまうと、両軸の見た目の変化に10倍もの差が生じてしまうことから、一方の変化は見えても他方の変化が見え難くなるので、結果として判断ミスにつながる恐れが出てきます。残念ながら、この重みに対する視覚的な面からの対応策はないので、相関係数を算出するといった数値的な面から対処する必要があります。

相関図はこのような危険性をもつ、取扱いに注意を要する手法です。しかし、要因検証の時などのように、因果関係に関する仮説を定量的に証明するための有効な手法であることは事実なので、取扱いに十分注意しながら活用してください。

❖パレート図を活用する

パレート図とは、データを層別して影響が大きい項目順に並べた、いわゆる棒グラフのことです（**図表5.9**）。同じ棒グラフの仲間であるヒストグラムとの違いは、横軸がデータ区分ではなく、お互いに独立した層別項目になっている点です。場合によっては、累積比率の線グラフを重ね併せて描くこともあります。パレート図では、影響が大きい項目が左側から順に並んで描かれているので、手を打つべき点が一目瞭然にできます。しかも、累積比率の線グラフを重ね併せて描くことで、全体に対する割合も把握することができます。

このパレート図を活用する際のポイントは、横軸の項目が変化しても棒の高さがあまり変化しないようなどんぐりの背比べ的なグラフではなく、左側の項目になるほど棒の高さが極端に高くなるようなシャープな形のグラフを描くことです。理想的なパレート図とは、横軸に並んだ全項目中の上位2割の項目で、累積比率の80%をカバーしているグラフだそうです。しかし、このようなグラフはそう簡単に作成できません。しかも、このこと自体はパレート図の活用上の問題ではなく、横軸の項目に関する層別の問題なのです。パレート図の説明では層別との関係があまり説明されませんが、パレート図と層別とは一体もので、層別した結果をパレート図で表現すると考えるべきなのです。したがって、パレート図の出来栄えは層別の出来栄えに左右されるといえます。良い層

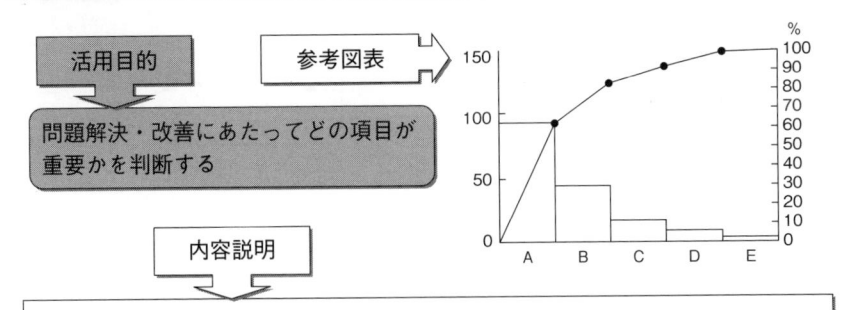

5.3 QC 七つ道具活用のポイント

図表 5.9 パレート図

活用目的
問題解決・改善にあたってどの項目が重要かを判断する

参考図表

内容説明

　パレート図とは、取得したデータを層別および集計して影響が大きい項目順に並べた、棒グラフと累積百分率の線グラフの複合グラフです。
　例えば、品質不良に関する対策を実施したい場合、損失金額を工程ごとに層別してパレート図を作成すると、工程ごとの損失金額が分かると同時に全体の損失に占める割合も分かるので、ここから問題の重要度を判断することができます。
　一般的に不良の大部分はわずかな不良項目が占めている場合が多く、参考図ではＡとＢの２項目で全体の 80% 以上を占めていることが分かります。

別が行われた結果として良いパレート図を描くことができると、重点志向につながることから、効果的かつ効率的な取組みが実施できるようになります。一つのグラフが活動全体の方向性を大きく左右する、といっても過言ではありません。

❖管理図を活用する

　管理図とは、工程、すなわち仕事の現在の状態を確認して、状態の推移を見える化するためのものです(**図表 5.10**)。これまでの状態の推移をもとにして、これからの状態の推移をいち早く予測することで、何らかの措置を講じる必要性の有無を判断します。仕事を常に安定した状態に保持するために、異常が実際に発生する前に予防的措置をとるために役立つ手法です。
　この管理図を活用する際のポイントは、中央値とともに、異常発生と判断さ

第 5 章　課題を解決する

図表 5.10　管理図

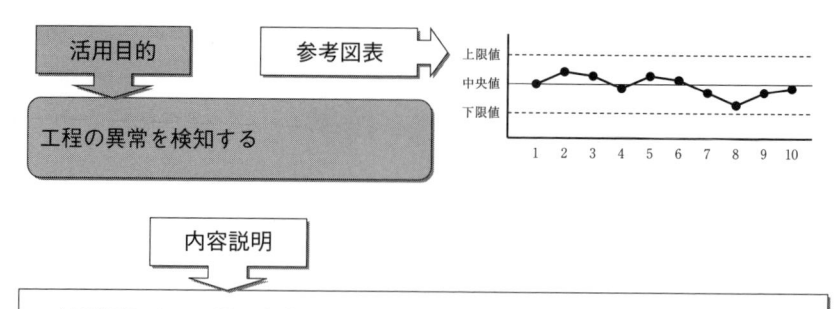

活用目的 → 工程の異常を検知する

参考図表 →

上限値
中央値
下限値

1　2　3　4　5　6　7　8　9　10

内容説明

　管理図とは、工程が安定的な状態にあるかどうかを確認したり、工程を安定な状態に保持するために用いる図です。
　工程は生き物のように常に動いているため、常にデータをとって現状を把握しておくことで工程が安定しているか否かを管理し、万一異常が発生した時にはいち早く異常の発生を検知することで、その原因を追究して対策を実施することが必要です。

れる上限値および下限値を明確にして、状態の推移より異常の発生を前もって予測できるようにしておくことです。そして、単に上限値および下限値の逸脱を確認するためだけでなく、逸脱という状態が発生する前の段階で、データの推移をもとにして逸脱の発生を前もって予測することが大切です。しかも、もし異常発生後の対応に多くの期間を要するようなら、その期間を見込んで上限値および下限値を厳し目に設定しておくことが必要です。残業時間の管理などは管理図を活用した一つの例ですが、残業時間の推移を見える化することで仕事の負荷状態が分かるので、負荷分散へ向けた取組みを実施することができるようになります。

❖層別を活用する

　層別とは、考えられる様々な観点からデータを分類することで、データに潜在している特徴的な偏りを見出すためのものです(**図表 5.11**)。層別は非常に地味な取組みですが、この出来栄えいかんによって、その後の取組みの出来栄え

5.3 QC 七つ道具活用のポイント

図表 5.11 層別

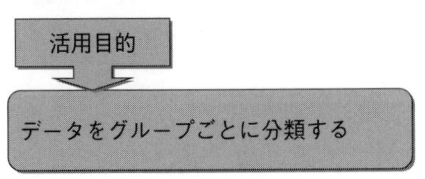

活用目的

データをグループごとに分類する

内容説明

　層別とは、得られたデータや調査対象などを、作業者別、機械・設備別、材料・部品別、作業方法別などに分けることを言い、分けることによって例えば作業者間の不良の発生の違いなどを発見することができます。
　データを層別しなかったり、層別する項目を誤ると大切な情報を失ってしまうことがありますが、層別を上手に行うことによって適切な情報が得られ、対策を立案しやすくなるため、改善を確実に進めることができます。

に大きな影響を及ぼすため、丹念な取組みが必要です。

　この層別を活用する際のポイントは、とにかくできるだけ多くのデータを収集して、データ分析スキルを駆使して徹底した分析に取り組むことです。層別については、これまでにパレート図を始めとした様々な観点から適宜説明を行ってきているので、ここではこれ以上の説明を割愛します。

❖ まとめ

　これまで、QC 七つ道具の各々に関する概略の内容と活用のポイントについて説明してきました。しかしながら、この QC 七つ道具の現場での活用状況を見ると、問題解決活動を実施している時々において適宜活用されているというよりも、すべての活動が終わった後の活動結果をまとめるために使用されている、といったケースが多々見受けられます。QC 七つ道具は、問題解決活動の途中で行われる様々な意思決定を助けるために、その裏付けとなる情報を得るために活用されなくては意味がありません。問題解決活動自体を一歩でも前に

第 5 章　課題を解決する

進めることに気が向いてしまい、さらには多くの時間を費やす余裕がないことが、このような現実を生んでいるのかも知れません。しかし、これまで説明してきたように、QC 七つ道具は必要な時に都度活用することで役立つ手法なので、是非適宜活用することを心掛けてください。

第6章

結果を共有する

6.1 分かりやすいドキュメントをつくる

❖分かりやすいドキュメント

　問題解決に取り組んだ後だけでなく、問題解決に取り組んでいる途中の段階においても、取組み内容を関係者と適宜共有することで、取組みに関する理解を得たり、取組みへの巻き込みを図ったりしてゆくことが必要となります。取組み内容を関係者へ共有するためには、まずは分かりやすいドキュメントをつくらなければなりません。ここでは、分かりやすいドキュメントをつくる時のポイントについて説明します。

❖グラフを作成する

　問題解決に取り組んでいると、QC七つ道具の活用を通じて数多くのグラフが作成されます。グラフには、都度都度の意思決定を行った際の、証拠立てとなる大切な情報が含まれています。したがって、グラフはこの証拠立てが際立つように作成しなければなりません。グラフを作成する前に考えなければならないことは、表現したい内容は何なのか、ということです。

第6章　結果を共有する

グラフには、円グラフ、横棒グラフ、縦棒グラフ、線グラフ、散布図など、数多くの種類があります。一方、これらのグラフによって表現できることは、構成内訳、数量比較、経時変化、出現頻度、相関度合など、様々な内容があります。しかし、グラフは好き勝手に選択すれば良いというものではなく、グラフにも適材適所があるのです。構成内訳を表現するには、円グラフ、横棒グラフ、縦棒グラフが適しています。以下、数量比較には横棒グラフと縦棒グラフ、経時変化と出現頻度には縦棒グラフと線グラフ、相関度合には横棒グラフと散布図が各々適しているので、グラフ選択の際に一応の目安としてください（図表3.13を参照）。

❖グラフ作成のポイント

続いて、グラフを作成する際のポイントについて説明します。円グラフは実用性に欠けるので、できるだけ使用を控えたほうが良いでしょう。横棒グラフは用途が広く、要素名を長くできるというメリットがあり、棒の幅を棒間隔より大きくすると見栄えが良く仕上がります。縦棒グラフと線グラフは最も使用頻度が高いグラフですが、縦棒グラフは要素名を短くする必要があり、線グラフはトレンドや対比や予測のラインを表示すると論点を明確にすることができます。散布図は取り扱いが難しいグラフですが、必要に応じて相関係数や回帰線を表示すると理解に役立ちます。散布図を除いたすべてのグラフに共通するポイントは、表示する要素の数は6項目程度に抑えて見やすくすること、強調したい部分には目立つ配色を施すことなどです（図表3.13を参照）。

また、各種のドキュメントに掲載されているグラフの中には、タイトルもメッセージもないグラフだけが表示されている例を見ることがあります。本文を読めばグラフで表現したいことが分かるのかも知れませんが、少なくともグラフを見ただけで表現したいことが分かるようにしておいたほうが、受け取る側にとって親切です。グラフには、①適切なタイトル、②適切なメッセージ、③適切な補足表示の3点セットを必ず附記するようにしましょう。このようにすると、グラフを見ただけで表現したいことが分かるので、本文を読んだときの

6.1 分かりやすいドキュメントをつくる

図表6.1 グラフの表現方法

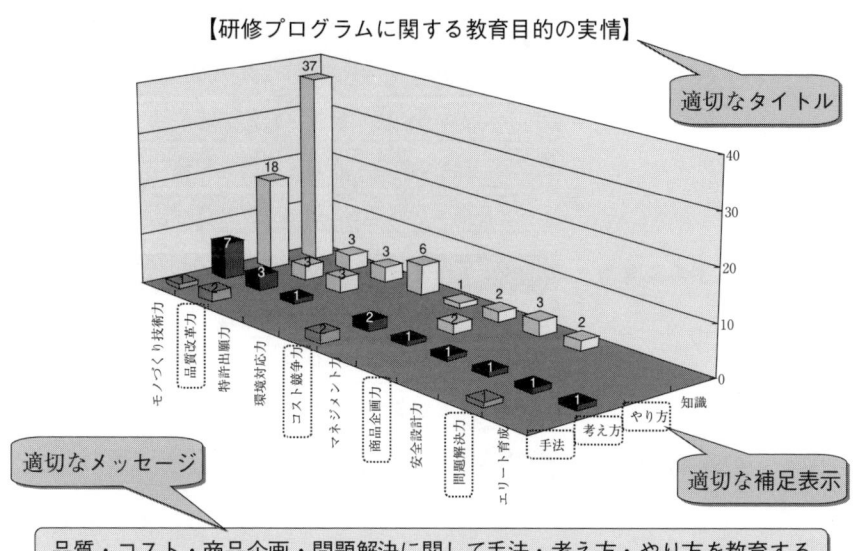

【研修プログラムに関する教育目的の実情】

適切なタイトル

適切なメッセージ

適切な補足表示

品質・コスト・商品企画・問題解決に関して手法・考え方・やり方を教育する研修プログラムが少ない

内容の理解に役立ちます(**図表 6.1**)。

❖ドキュメントを作成する

　実際にドキュメントを作成する際には、色や文字、ラベルの表現方法についても注意を払う必要があります(**図表 6.2**)。特に色については、何らかの強調を施すために使用されてはいるものの、色自体がもつ意味合いをよく理解しないで適用している例が多く、中には間違って適用している例も見受けられます。色には色自体に対して人がもつ色イメージがあるので、この色イメージに反した適用をしてしまうと、時として受け手の思考に混乱を来たしてしまう恐れがあります。逆に、この色イメージに合った適用ができると、受け手の思考と整合して理解を促すことができるので、色イメージをよく理解しておくことが大切です。

図表6.2　色・文字・ラベルの表現方法

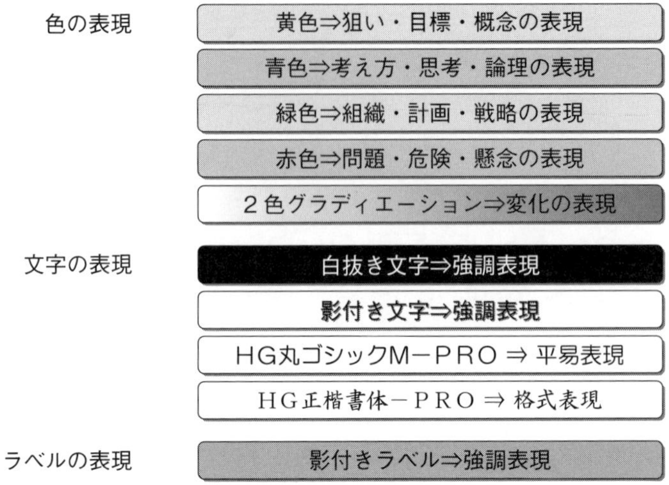

色の表現
- 黄色⇒狙い・目標・概念の表現
- 青色⇒考え方・思考・論理の表現
- 緑色⇒組織・計画・戦略の表現
- 赤色⇒問題・危険・懸念の表現
- ２色グラディエーション⇒変化の表現

文字の表現
- 白抜き文字⇒強調表現
- 影付き文字⇒強調表現
- HG丸ゴシックM－PRO ⇒ 平易表現
- HG正楷書体－PRO ⇒ 格式表現

ラベルの表現
- 影付きラベル⇒強調表現

　ドキュメントで使用される色を大別すると、①黄色系、②青色系、③緑色系、④赤色系の４系統に分類できます。黄色系の色イメージは明るさなので、狙いや概念といった、想像にかかわることを表現する時に適した色です。青色系の色イメージは冷静さなので、考え方や論理といった思考にかかわることを表現する時に適した色です。緑色系の色イメージは沈着さなので、戦略や計画といった行動にかかわることを表現する時に適した色です。赤色系の色イメージは派手なので、問題や危険といった要所にかかわることを表現する時に適した色です。また、２色グラデーションを使うと変化を表現できます。

　このように、色にはイメージがあることから、例えば、危機にかかわることを青色系で表現したり、思考にかかわることを赤色系で表現したり、ということを行ってしまうと、見た目の色と内容とが整合していないため、受け手に混乱を来たしてしまうのです。このような色遣いでドキュメントを作成してしまうと、たとえ良い内容が書かれていたとしても、受け手からの理解を得難くなることがあります。ドキュメントを作成する時には、受け手からの理解を得や

すい色遣いに留意しなければなりません。

　色だけでなく、文字の表現方法にもポイントがあります。白抜き文字や影付き文字は、表現を強調したい時に使用すると効果的です。文字のフォント面にもポイントがあります。Windowsのパソコンに使われるHG丸ゴシックM-PROはやわらかなイメージを与える書体なので、イベントの案内状や研修テキストなど、あまり堅苦しくない平易な表現が必要な時に使用されます。HG正楷書体-PROはかしこまったイメージを与える書体なので、レビュー書の表紙の表題など、格式をもった表現が必要な時に使用されます。

　このように、文字にもイメージがあることから、例えば、格式をもった表現が必要な時にHG丸ゴシックM-PROなどを使用してしまったり、平易な表現が必要な時にHG正楷書体-PROを使用してしまったりすると、受け手にとてもふざけた印象を与えてしまう恐れがあります。文字のフォントを通じて受け手が抱くイメージも、ドキュメントの内容のより良い理解につながるので、留意が必要です。

　ラベルなどについても、強調したい内容が書かれている場合には、そのラベルを影付きにして浮き出たように表現すると、一見して目を引くイメージを与えることができます。

❖ドキュメントの訴求力

　色や文字やラベルなどを適切に使用することができるようになったら、ドキュメントの訴求力を向上させる最後のポイントは、図表、言語、数値を適宜かつ上手に活用することです（図表6.3）。まずは、ドキュメントを通じて全体イメージを伝えたい時には、図表を活用して全体イメージを俯瞰できるようにします。全体イメージを文章で伝えようとすると多くの説明が必要となるので、その内容を理解してもらいたい受け手に、大きな負担を与えることになってしまいます。全体イメージは文章ではなく図表で伝えることで、受け手が理解しやすくなります。

　しかし、図表だけでは受け手に意図していない受け止め方をされてしまうこ

第6章　結果を共有する

図表6.3　ドキュメントに関する訴求力向上のポイント

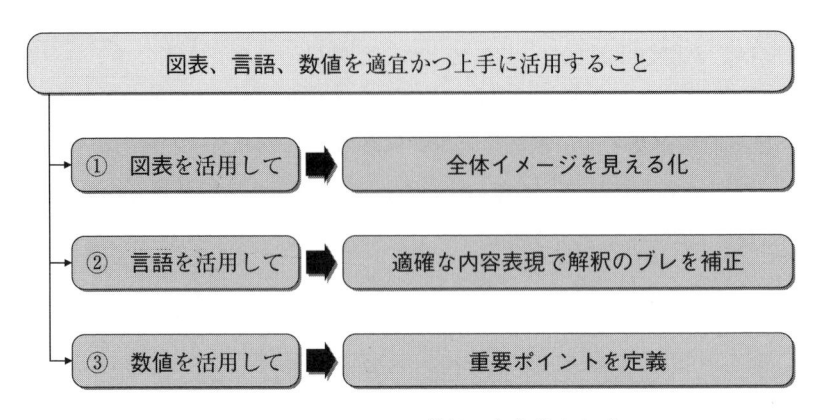

```
図表、言語、数値を適宜かつ上手に活用すること
　├─ ① 図表を活用して    ⇒  全体イメージを見える化
　├─ ② 言語を活用して    ⇒  適確な内容表現で解釈のブレを補正
　└─ ③ 数値を活用して    ⇒  重要ポイントを定義
```

文字の大きさやフォントの種類、全体的な色遣い、
に配慮しながら必要に応じて要所を強調すること

とがあるので、言語を活用して伝えたいことを適確な内容で表現しておくことで、受け手による解釈のブレを補正するようにします。

　そして、最後は数値を活用して、ここぞという重要ポイントを数値で表すようにします。例えば、グローバル化が進展しないのは英会話の修得者比率が10％に満たないから、というように重要な部分を強調する形で数値を活用すると、非常に効果的です。あまり意味のない数値の羅列は重要ポイントが分かり難くなる恐れがあるので、避けたほうが無難です。このようなことを踏まえたうえで、文字の大きさやフォントの種類、全体的な色遣いに配慮しながら必要に応じて要所を強調することで、訴求力が高いドキュメントを作成できるようになります。

　問題解決活動には多くの関係者の巻き込みを図らなければなりませんが、このためには、思いや考えていることを関係者へ分かりやすく、かつ確実に伝えることが必要です。この成否に大きな影響を及ぼす主要な要素がドキュメントの出来栄えなので、ドキュメント作成力を高める努力をしてください。

6.2　図表イメージで表現する

❖知的生産性

　ドキュメント(ここでは文書を指します)は情報を伝えるための主要な媒体ですが、このドキュメントのつくり方の良し悪しによって受け手への情報の伝わり方が大きく影響を受けます。これを知的生産性といいます。生産性というと、一般的には労働生産性が頭に浮かびますが、これは首から下の肉体的作業面に対して適用される効率性の概念です。労働生産性は実際の作業として目に見える形となって現れるので、具体的で非常に分かりやすいものです。これに対して、知的生産性とは首から上の知的作業面に対して適用される効率性の概念です。知的生産性は頭の作業なので実際に目に見える形となって現れないため、労働生産性と違って抽象的で非常に分かり難いものです。

　ここで、知的生産性への理解を深めるために、面白い例を紹介します。ごく普通の人が仕事を始めると、仕事が進むに連れて仕事への集中力が次第に高まってきて、仕事を始めてから約15分後に集中力が最高の状態を迎えるそうです。この状態を知的生産性が高い状態といいます。このまま知的生産性が高い状態で仕事を続けることができれば、仕事は非常に捗ります。ところが、この知的生産性が高い状態は非常に途切れやすくて、電話の音や周囲の話し声などで集中力が低下すると、それに伴って急激に低下してしまいます。しかし、気を取り直して再び仕事を続けていると集中力が次第に高まってきて、約15分後に集中力が最高の状態となり、知的生産性が高い状態を再び迎えることができるようになります。

　このように、集中力が途切れるような事態が発生して知的生産性が一度低下してしまうと、再び回復するのに15分のロスタイムが発生するので、集中力を途切れさせないようにすることが知的生産性を高める一つの方法です。職場が常にざわついて集中力が途切れやすい状態になっていると、知的生産性が一向に高まらないため、仕事は捗りません。ところが、知的生産性が低い状態は

目に見える形となって現れないので、職場がざわついていることを活気があって良いなどと、大きな勘違いをしていることが間々あります。かつてホワイトカラーの生産性が問題視されたことがありましたが、このホワイトカラーの生産性は知的生産性のことなのです。

では、知的生産性のもう一つの側面である、ドキュメントを媒体とした情報の伝達について考えてみましょう。ドキュメントの出来栄えが悪くて非常に理解し難い内容になっていると、このドキュメントを通じて情報を伝達された受け手は、その内容を理解するために長い時間を要してしまいます。場合によっては、理解すらできない場合があるかも知れません。このようなことになってしまったら、ドキュメントを通じて情報を伝達することに意味がなくなってしまいます。このような状態を引き起こしたドキュメントを知的生産性が低いドキュメントとよびます。

❖ 文章や言葉による情報の伝達

ドキュメントを媒体とした情報伝達には、①文章や言葉による情報伝達、②図表イメージ表現による情報伝達の2種類の方法があります（**図表6.4**）。

まずはじめに、文章や言葉による情報伝達について考えてみましょう。文章や言葉による情報伝達の代表的な例には、本、新聞、オーディオテープ、ビデオテープなどがあります。これらの例には共通する特徴があります。このような情報は、始めから終わりまでの内容を一通り確認しないとすべてを把握できないため、受け手が情報を理解すること自体に多くの時間を必要としてしまいます。分厚い本などは、読み終えるまでの時間を考えてしまうと、読み始めるのに相当の勇気が必要です。

また、確認した内容を自分の頭の中で再構成しないと全体像が理解できないため、送り手が伝えたかったイメージと異なったイメージで、受け手が情報を受け止めてしまうことがあります。いわゆる伝言ゲーム状態になってしまうのです。

さらに、ストーリー展開が自分の考えに合っていない時には思考に混乱を来

図表 6.4　図表イメージ表現が知的生産性に及ぼす影響

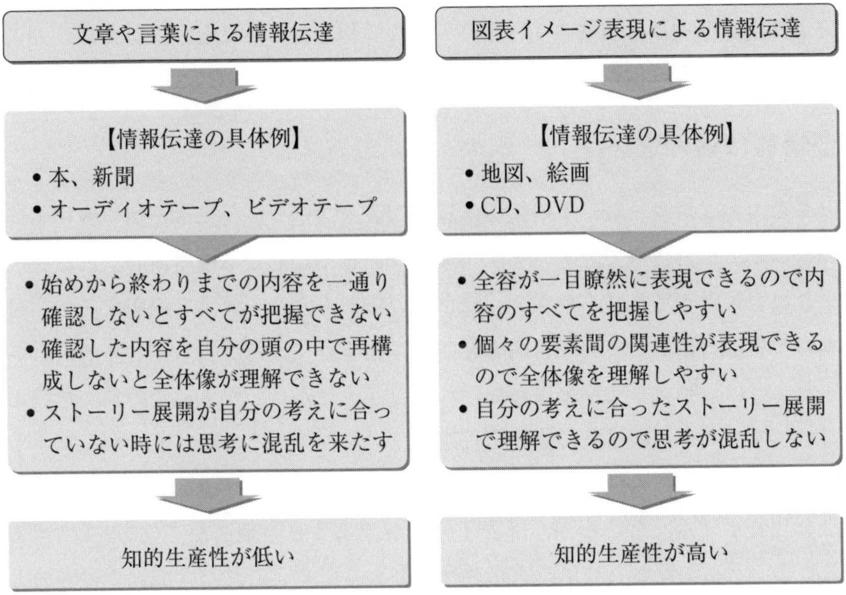

文章や言葉による情報伝達

【情報伝達の具体例】
- 本、新聞
- オーディオテープ、ビデオテープ

- 始めから終わりまでの内容を一通り確認しないとすべてが把握できない
- 確認した内容を自分の頭の中で再構成しないと全体像が理解できない
- ストーリー展開が自分の考えに合っていない時には思考に混乱を来たす

→ 知的生産性が低い

図表イメージ表現による情報伝達

【情報伝達の具体例】
- 地図、絵画
- CD、DVD

- 全容が一目瞭然に表現できるので内容のすべてを把握しやすい
- 個々の要素間の関連性が表現できるので全体像を理解しやすい
- 自分の考えに合ったストーリー展開で理解できるので思考が混乱しない

→ 知的生産性が高い

たすため、受け手が情報自体を理解できない状態になってしまいます。このように、文章や言葉による情報伝達は、情報の受け手に大きな負担を掛けるため、知的生産性が低い情報伝達方法だといえます。

❖図表イメージ表現による情報の伝達

次に、図表イメージ表現よる情報伝達について考えてみましょう。図表イメージ表現による情報伝達の代表的な例には、地図、絵画、CD、DVDなどがあります。これらの例には共通する特徴があります。このような情報は、全容が一目瞭然に表現できるので内容のすべてを把握しやすく、受け手が情報を理解するのに多くの時間を必要としません。

また、個々の要素間の関連性が表現できるので全体像を理解しやすく、受け手が間違ったイメージで情報を受け止めてしまうことがありません。

さらに、自分の考えに合ったストーリー展開で理解できて思考が混乱しないため、受け手が情報自体をよく理解できます。このように、図表イメージ表現による情報伝達は、情報の受け手に大きな負担を掛けることがないため、知的生産性が高い情報伝達方法だといえます。

❖ 情報伝達の違い

ここで、文章や言葉による情報伝達と図表イメージ表現による情報伝達の違いについて、具体例で説明します。例えば、日本における岐阜県の位置を説明する場合を考えてみてください。岐阜県の位置を文章や言葉で説明すると、日本の中央部に位置していて、四方を他県に囲まれて、海と接しておらず、といったように、長々と文章を綴らなければなりません。しかも、この長文を読んだすべての人が、岐阜県の位置を正確にイメージできるのでしょうか。

多分、何人かの人は、岐阜県に対してとんでもないイメージを抱いてしまうかも知れません。ところが、図表イメージである日本地図が1枚あれば、「ここだよ」と言いながら岐阜県を指させば終わりです。これだけで、すべての人が岐阜県を正しく認識できるはずです。図表イメージによる情報伝達は、文章や言葉による情報伝達と比べて、これだけ容易に、しかも正確に、受け手に情報を伝えることができるのです。

このようなことから、情報の伝達や共有を目的としてドキュメントを作成する際には、情報の受け手に大きな負担を掛けることがなく知的生産性が高い方法である、図表イメージ表現による情報伝達を心掛けることが大事です。

6.3 改善報告書のストーリーをつくる

❖ 文章を要約する（図表6.5）

問題解決活動に取り組んだ結果を形として残す手段が、改善報告書です。改善報告書は学術論文ではないので、文章主体ではなく、図表主体の体裁となる

6.3 改善報告書のストーリーをつくる

のが一般的です。このため、改善報告書の各ページに記載されている内容には、見やすいうえに理解しやすく、独立したメッセージ性をもっていることが求められます。しかも、それらの各ページのページ順は、問題解決活動を語るうえでのストーリー性をもって構成されていなければなりません。それでは、このような改善報告書を作成するためのポイントについて説明します。

第一のポイントは、伝えたいことが各ページで適確に要約されていることです。このためには、文章を要約する時の思考プロセスが役に立ちます。文章を要約する場合、まずはメインメッセージを読み取って、「○○は＊＊である」といった形で、文章を通じて言いたいことを一言で表現します。次に、メインメッセージを支えるキーライン、すなわち、メインメッセージの理由となる記述を文章から拾い出します。さらに、キーラインのサポートメッセージ、すなわち、キーラインの根拠となる事実や情報を拾い出します。この後は、必要に応じてキーラインの根拠を裏付ける事実・情報をさらに深掘りしてゆきます。

図表6.5　文章を要約する時のポイント

文章要約の基本ステップ

① メインメッセージ を読み取る
　　表現形態⇒○○は＊＊である

② メインメッセージを支えるキーラインを拾い出す
　　拾い方⇒メインメッセージの理由となる記述

③ キーラインのサポートメッセージを拾い出す
　　探し方⇒キーラインの根拠となる事実や情報

④ 必要に応じて事実・情報を更に深掘りする
　　拾い方⇒キーラインの根拠を更に裏付けるもの

要約したい文章

↓ ロジカルに文章を要約

メインメッセージ	キーライン	サポートメッセージ
理由付け	根拠付け	サポートメッセージ
	キーライン	サポートメッセージ

第6章 結果を共有する

このようにすると、一つの文章が分解されて、その内容が整理された形で構造化できるようになります。

❖ 文章を構造化

この思考プロセスを通じて、実際の文章を構造化してみましょう（図表6.6）。この文章のメインメッセージは、「学生の世界と企業人の世界は違う」としました。このメインメッセージを支えるキーラインは、「学生の世界」と「企業人の世界」を対比して表現してみました。そして、キーラインの根拠となるサポートメッセージを、学生の世界については、「お客様としてお金を払う立場、問題は学校側から与えられるもの、問題には絶対的な正解がある」としました。企業人の世界については、「お客様からお金をいただく立場、問題は自ら設定

図表6.6　文章から図表イメージ表現への展開例

企業人として働くには、学生でいた時とは異なった意識をもたなければならない。学生時代は学校に授業料を払って授業というサービスを受けるお客様の立場であったが、企業人になるとお客様に商品やサービスを提供して対価をいただくという正反対の立場になる。また、学生時代には中間テストや期末テストといった形で学校側から与えられた問題に対して、予め設定された正解を導き出すための知識や学力が求められていたが、企業人には問題を自ら探し求める姿勢や想像力が求められ、しかもその問題には学校の問題のように誰もが納得せざるを得ない絶対的な正解がない

図表イメージで表現すると　　　　　　　　　　　　　キーワード

学生の世界と企業人の世界は違う

学生の世界	企業人の世界
お客様としてお金を払う立場	お客様からお金をいただく立場
問題は学校側から与えられるもの	問題は自ら設定するもの
問題には絶対的な正解がある	問題には絶対的な正解がない

するもの、問題には絶対的な正解がない」として学生の世界の記述と対比できる形にしました。

この結果を構造化した形で表現した内容と、元の文章とを比べてみてください。構造化した形で表現したほうが、一目瞭然で非常に理解しやすい内容になっていることが分かると思います。これが、受け手が理解しやすいドキュメントということです。

もし、頭の中で考えていることが文章と同じ形態であったら、このような思考プロセスを活用すれば、考えていることが結果として構造化された形で表現できるようになります。この思考プロセスは度重なる経験を通じて頭の中に形成されてくるので、是非この思考プロセスを身につけて、受け手が理解しやすいドキュメントの作成を心掛けてください。

❖効果を考える

改善報告書を作成する際には、取組みを通じて狙いとしていた効果を明確にしておくことが必要です。取り組んだ内容の説明ばかりで効果が明確に説明されていないと、問題解決活動に取り組んだ意味すら理解してもらえなくなってしまいます。問題解決活動の効果は、P・Q・C・D・S・Mの視点から評価することができます（図表6.7）。これから、この各々の視点について説明します。

PはProductivityで、どの程度まで生産性が向上したのか、という視点で効果を評価します。以下同様に、QはQualityで品質の改善について、CはCostでコストの低減について、DはDeliveryで期間の短縮について、SはSafetyで安全性の向上について、MはMoraleで労働意欲の改善について、各々効果を評価します。

問題解決活動ではこれらの視点のうち、生産性の向上やコストの低減など、ある一つの視点を主な狙いとして取り組まれることが多いのですが、取り組んだ結果として他の視点に副次効果が現れることがあります。改善報告書の作成に関する効果については、活動で主な狙いとしていた主効果には触れていても、他の視点に現れた副次効果にはほとんど触れていないことが見受けられます。

第6章 結果を共有する

図表 6.7 問題解決の効果を評価するための視点

評価の視点はP・Q・C・D・S・M

- P Productivity ⇒ 生産性が向上したのか？
- Q Quality ⇒ 品質が向上したのか？
- C Cost ⇒ コストが低下したのか？
- D Delivery ⇒ 期間が短縮したのか？
- S Safety ⇒ 安全性が向上したのか？
- M Morale ⇒ 労働意欲が改善したのか？

活動の効果としては前もって意図していなかったとしても、副次効果についてもきちんと確認しておくことが必要です。

❖改善ストーリー

問題解決活動の効果が明確になったら、その効果を得るために取り組んできた経緯や結果を分かりやすく説明するために、改善報告書としてのストーリーを構築しなければなりません。ここでのポイントは、この改善報告書としてのストーリーです(**図表 6.8**)。ストーリーとはいわゆる話の進行のことです。問題解決活動を通じて取り組んできたことを、個々に脈絡がなく羅列しただけでは、取り組んできたことを受け手にうまく伝えることができません。受け手に理解してもらえるように、取り組んできたことを個々に順序立てて整理し直すことが必要なのです。

この時に役に立つ考え方として、ポピュラーな物語の定番ストーリーというものがあります。『オズの魔法使い』や『ハリー・ポッターシリーズ』のような世界中で大ヒットしたポピュラー小説の多くには、ヒットの秘訣となる定番

6.3 改善報告書のストーリーをつくる

図表 6.8 改善報告書におけるストーリー性について

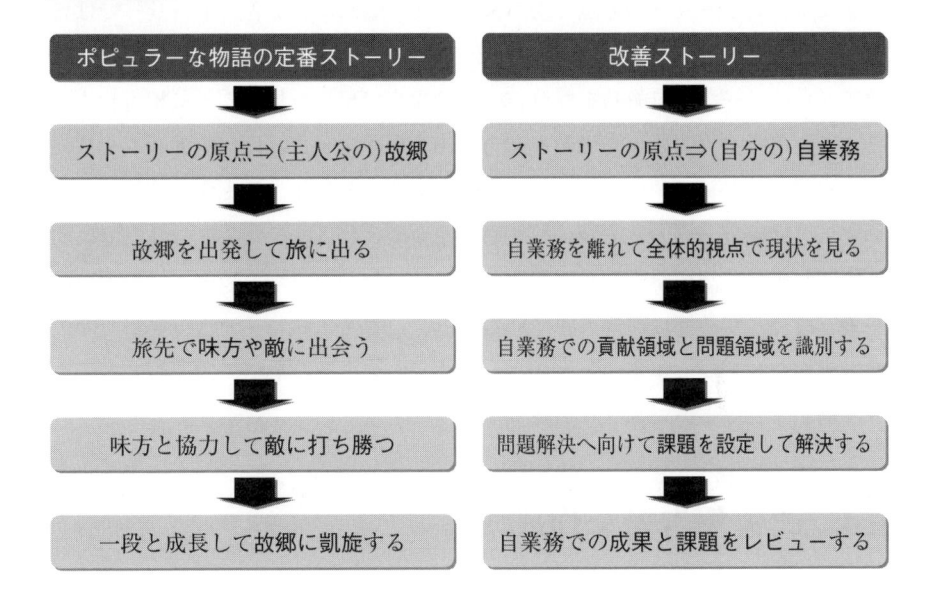

ポピュラーな物語の定番ストーリー	改善ストーリー
ストーリーの原点⇒(主人公の)故郷	ストーリーの原点⇒(自分の)自業務
故郷を出発して旅に出る	自業務を離れて全体的視点で現状を見る
旅先で味方や敵に出会う	自業務での貢献領域と問題領域を識別する
味方と協力して敵に打ち勝つ	問題解決へ向けて課題を設定して解決する
一段と成長して故郷に凱旋する	自業務での成果と課題をレビューする

ストーリーがあるといわれています。なぜなら、この定番ストーリーには多くの人たちから共感を得られる要素が、数多く含まれているからです。では、ハリー・ポッターを例にして考えてみましょう。

まずは、ストーリーの原点として、主人公の故郷からお話がスタートします。ハリーはイギリスの片田舎に住んでいました。次に、その主人公が故郷を出発して旅に出ます。ハリーは実家を出て魔法学校に寄宿します。そして、その主人公は旅先で敵や味方に出会います。ハリーは魔法学校で多くの仲間と出会いますが、その中には良い仲間や悪い仲間がいました。さらに、その主人公は味方と協力して敵に打ち勝ちます。ハリーは魔法学校で良い仲間と協力して、競技で悪い仲間を打ち負かしました。最後に、主人公は一段と成長して故郷に凱旋します。これが、ヒットの秘訣となる定番ストーリーです。

だとしたら、この定番ストーリーに則った形で改善報告書を作成すれば、多くの人たちから共感を得られる内容に仕上がるはずではないでしょうか。では、

第6章　結果を共有する

この定番ストーリーに則って、改善のストーリーについて考えてみましょう。

まずは、ストーリーの原点である故郷です。これは、改善ストーリーでは自業務に相当します。次に、その主人公が故郷を出発して旅に出ます。これは、改善ストーリーでは自業務を離れて全体的視点で現状を見ることに相当します。そして、その主人公は旅先で敵や味方に出会います。これは、改善ストーリーでは自業務での貢献領域と問題領域を識別することに相当します。さらに、その主人公は味方と協力して敵に打ち勝ちます。これは、改善ストーリーでは問題解決へ向けて課題を設定して解決することに相当します。最後に、主人公は一段と成長して故郷に凱旋します。これは、改善ストーリーでは自業務での成果と課題をレビューすることに相当します。このような形で、改善のストーリーを構築すればよいでしょう。

6.4　改善報告書を作成する

❖改善報告書の流れ

では、この改善ストーリーにもとづいて、改善報告書をイメージしてみましょう（図表 6.9、図表 6.10）。

まずは、改善事例で取り上げる対象テーマの名称を設定することから始まります。すると、自業務とはこの対象テーマが見出された業務の内容ということになります。この段階で、このテーマがどのような業務の中から見出されたのかを明らかにします。次に、自業務を離れて全体的視点で現状を見るとは、業務のあるべき姿を想像して現状と対比することです。この段階で、問題解決フレームワークを活用して検討した、あるべき姿と現状の内容を明らかにします。そして、現状での貢献領域と問題領域を識別するとは、業務のあるべき姿に対して未だ実現できていないことを明確にすることです。この段階で、問題解決フレームワークの問題の内容を明らかにします。さらに、課題を設定して解決するとは、あるべき姿の実現へ向けて現状を変化させるための取組みを明確化

6.4 改善報告書を作成する

図表6.9 改善報告書の流れ(始まり～改善対象項目の特定)

- 改善事例で取上げる対象テーマ
  - 対象テーマに関する業務の内容
  - 業務のあるべき姿
    - 業務の現状 既に実現できている部分
    - 未だ実現できていない部分
    - ギャップ
    - 本来なすべきこと
  - 未だ実現できていない部分から派生して今発生しているトラブル事象の見える化
    - 層別によるトラブル発生状況の現状分析

- あるべき姿の実現へ向けて現状を変化させてゆくための課題の設定
  - ↓
  - 課題解決のロジックツリーを展開する

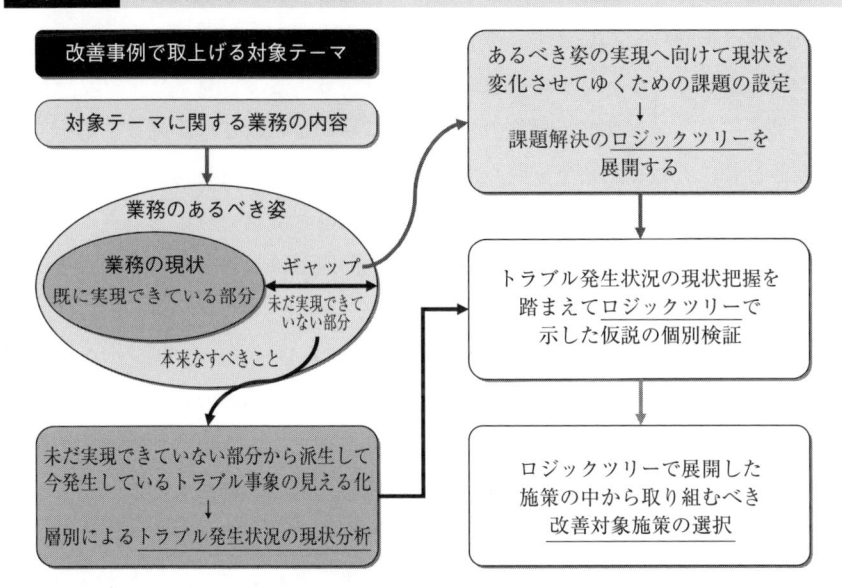

- トラブル発生状況の現状把握を踏まえてロジックツリーで示した仮説の個別検証

- ロジックツリーで展開した施策の中から取り組むべき改善対象施策の選択

図表6.10 改善報告書の流れ(改善目標値の設定～終わり)

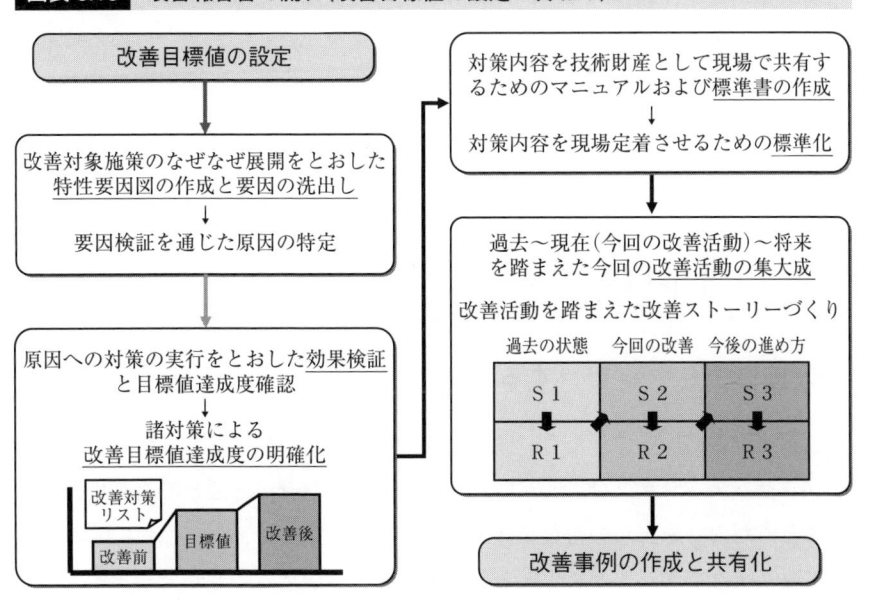

- 改善目標値の設定
- 改善対象施策のなぜなぜ展開をとおした特性要因図の作成と要因の洗出し
  - ↓
  - 要因検証を通じた原因の特定
- 原因への対策の実行をとおした効果検証と目標値達成度確認
  - ↓
  - 諸対策による改善目標値達成度の明確化
  - (改善対策リスト／改善前／目標値／改善後)

- 対策内容を技術財産として現場で共有するためのマニュアルおよび標準書の作成
  - ↓
  - 対策内容を現場定着させるための標準化

- 過去～現在(今回の改善活動)～将来を踏まえた今回の改善活動の集大成
  - 改善活動を踏まえた改善ストーリーづくり

過去の状態	今回の改善	今後の進め方
S 1	S 2	S 3
R 1	R 2	R 3

- 改善事例の作成と共有化

第6章　結果を共有する

して、実行してゆくことです。この段階で、課題と課題を展開したロジックツリーの内容を明らかにします。そして、あるべき姿が未だ実現できていない領域から発生しているトラブル事象を現状分析することで、ロジックツリーの展開結果の中から、トラブル事象の発生防止に有効と判断される施策を選択して、目標とともに実施した結果を明らかにします。最後に、自業務での成果と課題をレビューするとは、施策を実施した効果を検証して良い点と悪い点と今後の進め方を明確にすることです。この段階で、問題解決ヒストリーの内容を明らかにします。

　このようにして考えると、①問題解決フレームワーク、②ロジックツリー、③問題解決ヒストリーの3点セットの内容が、改善報告書の骨子を構成する際に大変役に立つことが分かります。このことから、この3点セットは、問題解決活動を通じてその場その場できちんと作成しておく必要があることが分かります。そして、このようにして作成した3点セットに必要な情報を適宜肉付けしてゆけば、取り上げたテーマに関する改善報告書が出来上がります。

　改善報告書の作成は問題解決活動の後始末的な印象をもたれていますが、問題解決活動を通じて得られた成果や様々な知見を記録しておくためにとても重要な仕事です。改善報告書がきちんと作成されていると、改善事例自体が貴重な財産になるだけでなく、この内容の共有を通じて関係者に役立つ情報を提供してゆけるようになります。

6.5　改善事例を説明する

❖改善事例をプレゼンする

　改善報告書が作成できたら、問題解決活動の最後の仕事として残されたものがプレゼンテーション（以下、プレゼン）です。プレゼンを通じて改善事例としてまとめた内容を自らの言葉で語ることで、より正しく、より強烈に、これまでに取り組んできたことを思いとともに関係者へ伝えることができます。

特に、成果を訴えたり、活動への巻き込みを図るような時には、たとえ改善報告書が良い出来栄えで仕上がっていたとしても、プレゼンでしくじったら元も子もありません。逆に、たとえ改善報告書がそこそこの出来栄えであったとしても、プレゼンがうまくできると、改善事例の出来栄えを補って余りある好反応を得ることができます。

❖効果的なプレゼン

それでは、効果的なプレゼンのポイントについて説明します（図表6.11）。

1点目は、プレゼンを行う前に、プレゼンを聞く人たちの、素性、立場、プレゼンを聞く視点を知ることです。プレゼンに対する聞き手の精通度や興味の強さや提案の承認者の価値観などに気を配ることや、提案の効果や今まで実行されなかった理由などを把握しておくことが必要です。特に、提案が今まで実行されなかった理由などは意外と盲点で、「会社の長い歴史の中で、先人たちはなぜこの提案に気づかなかったのか」といった質問をいきなりされると、答えに詰まってしまうものです。これまでされてきた幾多の提案との違いやセールスポイントなどを、前もってきちんと押さえておくことが必要です。

2点目は、組み立てたストーリーにもとづいて、資料の各ページにつながりをもたせながら説明することです。説明はページごとに一区切りするようにして、次ページへの移行前には前振りの説明を入れることを心掛けます。プレゼンの主なツールとしてPowerPointが使われますが、一つの説明が複数のページにまたがっていたり、矢継ぎ早にページを切り替えてしまうと、聞き手が一つひとつをよく理解できないままプレゼンが終わってしまいます。実は、PowerPointというツールは、このようにして聞き手を煙に巻き、プレゼンする側のペースに巻き込むために開発されたそうです。くれぐれもこのような使い方をしないように注意しましょう。

3点目は、自信・確信・熱意をもってプレゼンすることです。ページの内容を見なくても説明できるほどにプレゼンの目的や内容を十分に理解し、自分の癖や特徴を熟知したうえで熱意と確信をもってプレゼンを行うことです。もし

第6章 結果を共有する

図表 6.11 プレゼンのポイント

① プレゼンを聞く人たちの、素性、立場、プレゼンを聞く視点を知ること
- 聞き手はプレゼンの内容に対してどの程度精通し、どの程度興味をもっているのか？
- プレゼンされた提案のYES／NOを判断するのは誰で、どのような価値観をもっているのか？
- プレゼンされた提案はどのような影響や効果があり、今まで実行されなかったのはなぜなのか？

② 組立てたストーリーにもとづいて、資料の各ページにつながりをもたせながら説明すること
- 各ページを説明した後で、「だから何なの？」と疑問をもたれるようなことはないか？
- 各ページの説明の最後で、次ページに移行するための前振りの説明がなされているか？

③ 自信・確信・熱意をもってプレゼンすること
- プレゼンの目的を常に意識し、資料の内容に十分精通したうえで説明しているか？
- 聞き手をよく理解し、自分自身の癖や特徴を熟知したうえで説明しているか？
- 納得してもらうために聞き手を引き込む熱意をもって、自分の話に確信をもって説明しているか？

④ プレゼンは決められた持ち時間内に完了すること
- 結論を冒頭に提示して、その後いつプレゼンを打ち切っても良いように話を構成しているか？

熱意と確信をもって説明できないようなら、熱意と確信をもてるようになるまでプレゼンの内容をとことん見直すべきです。プレゼンする側が熱意と確信をもてないプレゼンを聞かされることになる、聞き手の迷惑を考えるべきです。

　4点目は、プレゼンは決められた持ち時間内に完了することです。プレゼンの時間は前もって設定された時間が必ず確保されるとは限らず、会議の進行の都合などで変更されることが日常茶飯事です。しかも、ほとんどが短くなるほうに変更されます。プレゼンの直前になって時間を短縮されても慌てないためには、プレゼンの冒頭に結論をもってくるようにすることです。結論を後にもってきてしまうと、結論に至るまでにそれ相当の説明時間が必要になってしまいます。このような形でプレゼンの内容を構成してしまうと、時間を短縮されたときに慌ててしまいます。プレゼンの冒頭に結論をもってくると、プレゼンを始めた早々に言いたいことを言えてしまうので、後は余裕で、いつ打ち切られてもまったく心配がない状態でプレゼンに臨むことができます。

第7章

より良いグループワークを実践する

❖問題解決におけるグループワーク

　問題解決は現場で仕事を通じて実践することで、その効果を期待できる取組みです。したがって、単に問題解決に関する知識やスキルを身につけることだけでなく、身につけた知識やスキルをお客様や職場のメンバーとの仕事を通じて、適宜発揮してゆかなければなりません。これらの人たちとのグループワークをうまく行うためのスキルを併せ持つことを通じて、広い意味での問題解決スキル、すなわち総合実務能力を身につけることが必要なのです。グループワークを通じて問題解決を行うには、コミュニケーション、リーダーシップ、想像力が重要な要素となります。この中でも、コミュニケーションはリーダーシップや想像力を発揮するうえでのベースとなる、特に重要な要素です。

　それでは、問題解決という側面から見た、コミュニケーション、リーダーシップ、想像力について学習してゆきましょう。

第7章 より良いグループワークを実践する

7.1 より良いコミュニケーションを実施する

❖コミュニケーションとは

まずは、コミュニケーションの上手なとり方について考えてみましょう(図表7.1)。コミュニケーションとは、相互理解をするために情報を伝え合い、意味や考えを想像してゆくことです。そして、このことをよりうまく行うためのコミュニケーション能力とは、メッセージの伝達や解釈、意味の交渉ができる能力のことをいいます。コミュニケーションとはラテン語の分かち合うという

図表7.1　コミュニケーションの上手なとり方

コミュニケーションとは、
「相互理解するために情報を伝え合い、意味や考えを想像してゆくこと」
コミュケーション能力とはメッセージの伝達や解釈や意味の交渉ができる能力
↓
コミュニケーションとはラテン語の分かち合うという言葉からから由来した概念

自分の考えをもって伝えること	相手の考えを聞いて受け止めること
① 相手に伝えるべき自分としての思いや考えをしっかりもつこと 【思考内容の正当性】 ・データや公知の事実にもとづいている ・筋道が立っていて論理的である ↓ ② 考えや意見を伝え話し合う中で新しい意味や考えを生み出すこと 【相手を喜ばす言葉の類】 　相手本位、気遣い・気配り、肯定 【相手に嫌われる言葉の類】 　自分本位、指示・命令、否定	話をしている相手に心を開いてもらい、もっと話したいと思ってもらえるような聴き方をすること ① 問い掛けながら聴く 　もっと聞きたい、もっと知りたい ② 気持ち良く聴く 　あいづちを打つ、言葉を言い直す ③ 体で聴く 　話し手の方を向く、メモをとる ④ 心で聴く 　話をさえぎらない、違うと言わない

言葉から由来した概念で、自分の考えを伝えるだけでなく、相手の考えを聞いて受け止めることで、お互いの考えを融合させて共通の概念をもてるようにすることです。自分が言いたいことを一方的にしゃべるだけではダメで、相手の言っていることを一方的に聞いているだけでもダメなのです。また、コミュニケーションはいわゆるディベートのような、自分の考えの正当性をただ主張して相手を打ち負かすことが目的ではなく、お互いに分かり合うことを目的としています。

❖自分の考えをもつ

このようなコミュニケーションをうまく行うためには、まずは自分の考えをもつこと、すなわち、聞き手に伝えるべき自分としての思いや考えをしっかりもたなければなりません。そのためには、データや公知の事実にもとづいていること、筋道が立っていて論理的であること、など考えていることに正当性があることが大切です。この正当性のベースとなるものが、実はこれまで勉強してきた問題解決スキルそのものなのです。話していることをよく理解してもえない人の特徴として、何が事実で、どこが自分の考えなのかが区別し難く、また話をしている内容が支離滅裂といった傾向があります。このことを防ぐには、問題解決の考え方をベースにした話し方をすれば良いのです。

❖自分の考えを伝える

こうして自分の考えをもてたら、次は自分の考えを聞き手に理解してもらえるような形でしっかりと伝えることです。このためには、相手本位で、気遣いや気配りに配慮して、肯定的な、いわゆる相手を喜ばせるような言葉の類を多用した話し方をすることが大切です。反対に、自分本位で、指示や命令調の、否定的な、いわゆる相手に嫌われるような言葉の類は、決して使わないように注意しましょう。言葉の遣い方を誤ってしまうと、それだけで相手の心証を害してしまい、心を開いて話を聞いてもらえなくなってしまうことがあるので、十分な注意が必要です。

第7章　より良いグループワークを実践する

　例えば、人の話をしている途中であるにもかかわらず、「それは違う」といった切り出し方で自分の考えを話し出す人がいますが、これなどはまったくの論外です。このような形で話の切り出し方をされた人の心の中には、「話している途中なのに何で話をさえぎるんだ」「自分の考えを何で一方的に否定するんだ」という強い対立感情が生まれてしまいます。このような状態になってしまったら、いま話をしていた人は、話を切り出してきた人の話を前向きな心持ちで聞くことなど、ほとんどできなくなってしまうでしょう。これではコミュニケーションではなく、単なる意見のぶつけ合いになってしまいます。このように、「それは違う」のたった一言がコミュニケーションを阻害してしまうことは、日常の職場でしばしば見られることです。しかも、このようなことが、お互いが何の悪気もなく無意識の中で日常的に起きてしまうので、くれぐれも肝に銘じておくことが必要です。心無いたった一言が、すべてをぶち壊してしまうことがあるのです。

❖話をする時、話を聞く時の態度

　また、聞き手との意思の疎通を図るためには、話をする時の態度も重要な要素です。話の伝わり方において、話をする時の態度の影響度は、話をする声や言葉の影響度を10％も上回って、影響度の大半を占めているといわれています。笑顔で、時にはほど良いジェスチャーを交えながら、誠意ある態度で思いを伝えようとする姿勢が、聞き手に対して言葉以上の説得力をもたせてくれることを、よく認識しておくと良いでしょう。

　一方、コミュニケーションを図ろうとするすべての人たちには、話し手だけでなく聞き手もという、一人二役が求められます。話し手の役を終えたら、今度は聞き手の役に回らなければなりません。ところが、この聞き手の役には、話し手の役より難しい面があります。中でも、最も難しいことは、話し手の話を聞いている途中で話したくなってくる気持ちをぐっと抑えながら、少なくとも話し手が話をしている間は聞く姿勢に徹し続けることです。人は誰でも、自分が話をしている時に話をさえぎられたら、決して良い気持ちがしません。話

し手が話をしている間は聞く姿勢に徹し続けることは、コミュニケーションの場という共通の土俵に上る人たちの最低限のマナーと認識してください。

❖ 相手の話を聞く

話し手の話を聞く時の聞き方自体にも、より良いコミュニケーションを図るうえでのポイントがあります。それは、ポジティブ・リスニングとよばれる、もっと話をしたいと話し手に心を開いてもらうような聴き方をすることなのです(図表7.2)。ここで、あえて「聴く」という字を使いましたが、この「聴く」という字は、耳と目(横になっていますが)と心で構成されています。すなわち、ただ単に聞いているだけでなく、話し手の話を、耳と目と心で「聴く」ようにすることが大切なのです。また、耳と十四の心で構成されている、ともいわれています。すなわち、耳と十四の受け止める心をもって「聴く」ようにするこ

図表7.2 ポジティブ・リスニング

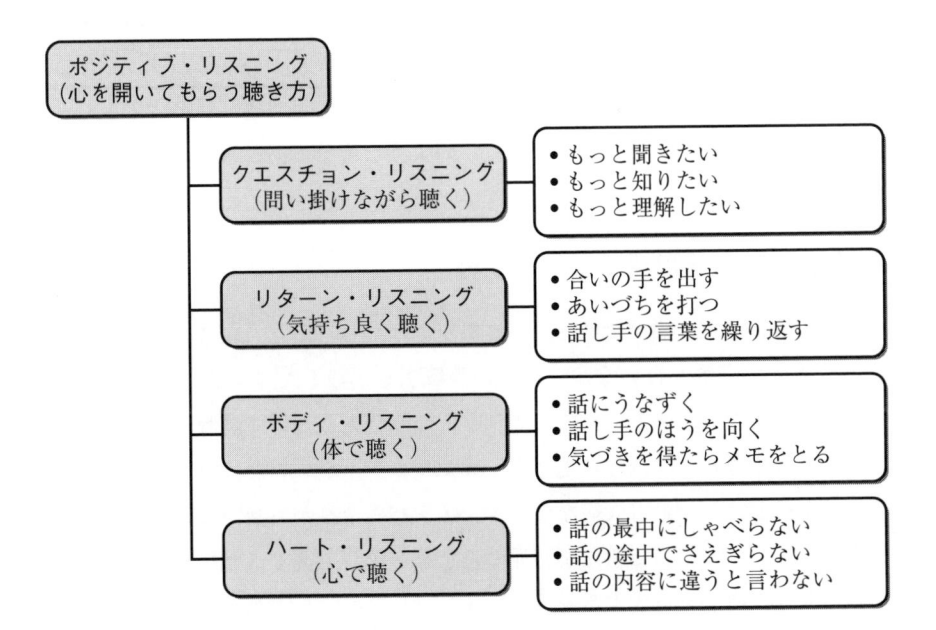

```
ポジティブ・リスニング
(心を開いてもらう聴き方)
├─ クエスチョン・リスニング
│   (問い掛けながら聴く)
│     ・もっと聞きたい
│     ・もっと知りたい
│     ・もっと理解したい
├─ リターン・リスニング
│   (気持ち良く聴く)
│     ・合いの手を出す
│     ・あいづちを打つ
│     ・話し手の言葉を繰り返す
├─ ボディ・リスニング
│   (体で聴く)
│     ・話にうなずく
│     ・話し手のほうを向く
│     ・気づきを得たらメモをとる
└─ ハート・リスニング
    (心で聴く)
      ・話の最中にしゃべらない
      ・話の途中でさえぎらない
      ・話の内容に違うと言わない
```

とが大切なのです。このポジティブ・リスニングの秘訣は、問い掛けながら聴く、気持ち良く聴く、体で聴く、心で聴くという、聞き手に求められるごく当たり前のことばかりです。ところが、このごく当たり前のことが、職場で行われるミーティングなどにおいては、実行されていないのが実態なのです。

特に、上司と部下が会話をしている時などで、上司が横柄な態度で部下に話をしていたり、上司が横柄な態度で部下の話を聞いていたり、といった場面を日常よく見掛けます。近頃よくある、年下の上司と年上の部下という関係でこのようなことが起きていたら、もう最悪です。このような上下関係の下で良い仕事をすることなど、期待できるわけがありません。胸に手を当てて、振り返ってみてください。

問い掛けながら聴くということは、「もっと聞きたい」「もっと知りたい」という姿勢のことで、話し手の話の内容に興味や好奇心をもって聴くことです。気持ち良く聴くということは、あいづちを打つ、言葉を言い直す、という姿勢のことで、話し手の話の内容に都度納得しながら聴くことです。体で聴くということは、話し手のほうを向く、メモをとる、という姿勢のことで、話し手の話をきちんと聴く体制を整えて聴くことです。心で聴くということは、話をさえぎらない、「違う」と言わない、という姿勢のことで、話し手の話をきちんと受け止める心持ちで聴くことです。このような姿勢で話し手の話を聴くことが、ポジティブ・リスニングなのです。

❖共通の概念を形成する

このようにして、話す姿勢と聞く姿勢ができたら、お互いの考えを伝え合うことを通じて理解し合いながら、共通の概念を形成してゆくことが大切です。お互いに言いたいことが言えて、それを分かり合えただけで終わってしまったら、それは単なるガス抜きに過ぎず、コミュニケーションとはいえません。コミュニケーションで最も大切なことは、メンバー全員がお互いに分かり合ったうえで、メンバー全員で新たな共通の概念を形成してゆくことなのです。この新たな共通の概念を形成する過程で、メンバー全員でなすべきことが共有され

るだけでなく、メンバー全員の気持ちに一体感が生まれたり、メンバー全員が新たな気づきを得ることができたり、といったことが期待できるようになるのです。この結果、現場で問題解決活動を実践するために必要不可欠な要素となる、現場関係者の巻き込みができるようになります。

　このように、コミュニケーションには話し手と聞き手の両者がいて、しかもこの2つの役回りを参加メンバー全員が一人二役でうまく演じてゆくことで成立するもの、ということが理解できたと思います。ところが、このようなより良いコミュニケーションを現場で実践するには様々な阻害要因があり、時としてこの阻害要因が障害となってコミュニケーションが頓挫してしまうことがあるので、注意が必要です。ここでは、この阻害要因について考えてみたいと思います。

❖コミュニケーションの阻害要因

　まずは、話し手によるコミュニケーションの阻害要因について考えてみましょう。この阻害要因として例示した**図表7.3**について、まずは一通り目をとおして確認ください。ここでは、よくある例として8項目ほど掲げていますが、どの項目も話し手が聞き手の立場に立った話し方ができていないことが原因になっているものばかりです。一例を挙げれば、直ぐに結論に飛んでしまうことです。どうしてそのような考えに至ったのかを説明しないで、自分が伝えたい結論だけを相手に伝える、ということがありがちです。

　聞き手に話をする際には、聞き手が話の内容を理解しやすいように、まずは話す内容を論理的かつ簡潔に整理したうえで、聞き手にとって分かりやすい平易な言葉を使うようにしなければなりません。**図表7.3**の8項目を念頭に置いて、聞き手に説明するように心掛けてください。

　続いて、聞き手によるコミュニケーションの阻害要因について考えてみましょう。この阻害要因として例示した**図表7.4**について、まずは一通り目をとおしてください。ここでは、よくある例として8項目ほど掲げました。どの項目も聞き手が話し手の立場に立った聞き方ができていないことが原因になってい

第7章　より良いグループワークを実践する

図表7.3　話し手によるコミュニケーションの阻害要因

① 直ぐに結論に飛んでしまう
　どうしてそのような考えに至ったのかを説明しないで、自分が伝えたい結論だけを相手に伝える

② 不明瞭なメッセージになっている
　意見として伝えたいことなのか、尋ねたいことなのか、同意を求めていることなのか、分からない

③ うまく言おう、良いことを言おうとして構えてしまう
　悪い印象を与えないだろうか、いいように受け取ってくれるだろうか、と先に結果を考えてしまう

④ 感情の表現がうまくできていない
　相手の行動や意見に不快な思いをしても、それを伝えようとしないで感情を抑えてしまう

⑤ 相手には分かってもらっていると思い込んでしまう
　「沈黙は金」とか「以心伝心」との思いから自分の考えを相手に言葉として伝えない

⑥ 誰が言ったことなのか主語が不明瞭になっている
　結果を恐れたり自分の意見に自信がもてない時に、そのことを誰が言っているのかを明瞭にしない

⑦ 内容を評価しているような発言になっている
　事実関係を示す情報を伝える必要がある時に「良かった」「悪かった」といった表現をする

⑧ 話したことを詳しく説明したくて長々と話してしまう
　話した途端に新しい考えが浮かんできて更に話したくなり、時として独り言のような話をする

るものばかりです。一例を挙げれば、「注意を払わない」、つまり、聞いている時に気が散っていたり、他のことを考えている、ということはありがちです。

　話し手の話を聞く際には、まずは話し手の話の内容をすべて素直に受け止める態度を示したうえで、話し手の話に対して相づちや質問を適宜行うようにしなければなりません。**図表7.4**の8項目を念頭において、話し手の話を聞くように心掛けてください。

❖より良いコミュニケーションのポイント

　最後に、より良いコミュニケーションを行うためのポイントについて考えてみましょう。ここでは、そのポイントとして5項目ほど掲げていますが、どの項目も実際に話し相手とコミュニケーションをとる際に配慮すべきことばかりですので、一通り目をとおして確認してください（**図表7.5**）。中でも、態度に

7.1　より良いコミュニケーションを実施する

図表7.4　聞き手によるコミュニケーションの阻害要因

① 注意を払わない
　聞いている時に気が散っていたり、他のことを考えている

② 上辺だけで聞いている
　聞いているふりをしていながら他のことを考えている

③ 聴くというよりただ聞いているだけ
　相手が言っている表面的な事実や末梢的な細部だけに注意を払っていて、本質を見失っている

④ 話すことを頭の中で予習している
　発言したくなると聞くのを止めて発言の予習を始めてしまい、発言のチャンスを伺うだけになる

⑤ 話をさえぎったり話の腰を折ってしまう
　相手が話したいことの意味を完全に理解するまで待たずに、尻切れトンボの状態で話に割り込む

⑥ 想像の世界で話を聞いてしまう
　聞き手が言って欲しいことを話し手が話していると勝手に思い込んでしまう

⑦ 防衛的な感情が生まれてしまう
　話し手の意図が分かったと思い込んで何らかの理由を想定してしまい、攻撃されると思ってしまう

⑧ 賛成できない点だけ聞く癖がある
　同意したくない点を意図的に探して、攻撃してやろうと思って機会を伺っている

関する影響度は言葉以上に高いといわれていることから、特に留意が必要です。

　お互いにコミュニケーションをとる際には、単に言葉をやり取りするだけでなく、適度なボディメッセージを添えることも大切です。そして、話し手は聞き手に話が受け入れられるように、聞き手は話し手の話を受け止めるように、お互いに誠意ある態度でコミュニケーションに臨まなければなりません。**図表7.5**の5項目を念頭において、コミュニケーションをとるように心掛けましょう。

　このように、コミュニケーションのとり方ひとつで相手への伝わり方が大きく左右されるので、問題解決スキルに立脚したより良いコミュニケーションを図るように心掛けてください。

第7章　より良いグループワークを実践する

図表 7.5　より良いコミュニケーションへのポイント

① __ボディ・メッセージ__に関するポイント
- 表情(喜び、興味、驚き、恐れ、悲しみ、怒り、嫌悪または軽蔑)
- 目の動き(まなざしの方向やアイコンタクト)
- ジェスチャー(身振り、手振り、大きさ、力強さ)
- 姿勢(身体の動き、腕や脚の状態、相手との距離)

② __音声メッセージ__に関するポイント
- 大きさや高さ(声の大きさ、話し方のスピード、声のトーン)
- 強調(特定の句・単語・音節などを強めて話す、平板に話す)
- 発音(明瞭な話し方、ぼそぼそとした話し方)
- アクセントや力強さに関する特徴
- 間と沈黙(話に変化を与えている)

③ __言語メッセージ__に関するポイント
- 尋ねたいことや言いたいことが言えているか?
- 自分のことを話しているか?
- 感情(気持ち)の表現は?

④ __聴く姿勢__
- 相手の気持ち理解しようとしていたか?
- 相手の発言内容を確認し、正確に理解しようとしていたか?

⑤ __その他__
- 雰囲気(緊張、堅さ、開放、なれなれしさ)
- 話があちこちに飛んだり、構えや飾りはなかったか?
- その他

7.2　より良いリーダーシップを発揮する

❖リーダーシップとは

　より良いリーダーシップの発揮の仕方について考えてみましょう。リーダーシップとは、ある一定の目的へ向けて人々に影響を与え、その実現に導くための行為のことですが、人々を動機づける要素が大きいことから、モチベーション・リーダーシップともいわれています(**図表7.6**)。リーダーシップに求められていることはビジョンの実現ですが、このためには、戦略立案・策定、目標

7.2 より良いリーダーシップを発揮する

図表7.6 リーダーシップとして期待されていること

```
リーダーシップとは、
「ある一定の目的へ向けて人々に影響を与え、その実現に導くための行為」
              ↓
       モチベーション・リーダーシップ・スキル
```

求められることはビジョンの実現
- ① 戦略立案・策定
  ⇒ 効果的な戦略を立案して策定できる
- ② 目標設定
  ⇒ 戦略実現へ向けた目標が設定できる
- ③ 成果創出
  ⇒ 人を動機づけして成果を創出できる

克服しなければならない5つの葛藤
- ① 効率 vs 感情（目指す成果の観点）
  ⇒ 効果的な戦略を立案して策定できる
- ② 受容 vs 支配情（外部環境の観点）
  ⇒ 受け容れる姿勢と切り捨てる英断
- ③ 分化 vs 統合（組織管理の観点）
  ⇒ 個人の専門化と組織の全体整合
- ④ 短期 vs 長期（取組み時間の観点）
  ⇒ 効果的な戦略を立案して策定できる
- ⑤ 論理 vs 感覚（判断基準の観点）
  ⇒ 論理での納得性と感覚での独自性

設定、成果創出といった一連の取組みを、メンバーを動機づけしながら主体的に実行してゆくことが求められます。具体的には、戦略立案・策定とは効果的な戦略を立案して策定できること、目標設定とは戦略実現へ向けた目標が設定できること、成果創出とは人を動機づけして成果を創出できること、ということです。このことから、リーダーシップとは、ビジョンの実現へ向けて成果を得るための取組みを明確化して、人々を動機づけしながらその取組みの実現を図ってゆく行為といえます。

❖リーダーシップにおける5つの葛藤

リーダーシップとは、俺について来い的なワンマンな取組みではありません。したがって、この行為は容易に実践できるようなものではなく、実践するため

第7章 より良いグループワークを実践する

には、効率と感情、受容と支配、分化と統合、短期と長期、論理と感覚といったような様々な葛藤を克服しなければならないのです。

効率と感情とは、効率を追求することと、個人感情へ配慮すること、という目指す成果の観点での葛藤です。目指す成果として高い効率を追求してゆくことは基本中の基本ですが、このことがメンバーの利害や利便性に抵触してしまうと、時として個人感情を逆撫でしてしまうようなことがあります。例えば、出張旅費の効率的使用はよく理解できるが、せっかく遠方の観光地へ出張するのだから少しは羽目を外したいといったようなことです。

受容と支配とは、受け入れる姿勢をもつことと、切り捨てる英断を行うこと、という外部環境の観点での葛藤です。その時々の外部環境には、相反するもの、矛盾するもの、両立しないもの、など多種多様なものが入り混じっているため、これらの中から受け入れるものと切り捨てるものとを適宜取捨選択してゆかなければなりません。例えば、お客様が要求している高機能と低価格が両立できない場合には、高機能と低価格のどちらを選択し、どちらを切り捨てるのか、といったようなことです。

分化と統合とは、個人を専門化することと、組織としての全体整合を図ること、という組織管理の観点での葛藤です。組織管理においては、成果創出へ向けて個々のメンバーの価値観を整合した形で個々の能力を強化してゆく一方で、組織の全体整合の観点から個々のメンバーの価値観とは整合しない能力をも強化してゆかなければなりません。例えば、内向的でパソコンを使った個人ワークを得意とするメンバーに、営業力強化の観点からお客様への商品販売を求める、といったようなことです。

短期と長期とは、既存事業を変革してゆくことと、新規事業を開拓してゆくこと、という取組み時間の観点での葛藤です。比較的短期間でほどほどの成果を得られる既存事業の変革に取組みながら、大きな成果を目指して長期間を掛けて新規事業を開拓してゆくことも必要となります。例えば、既存商品のマイナーチェンジ商品を短期間で市場導入してゆくことで市場シェアの低下を食い止めながら、並行してシェアの大幅アップが期待できる未開拓市場へ向けた新

規商品を開発する、といったようなことです。

　論理と感覚とは、建前では論理的な納得性が理解されることと、本音では感覚的な独自性が優先されること、という判断基準の観点での葛藤です。論理的にはいかに正しいと納得されていることであっても、メンバーは独自の価値観にもとづいた判断基準で行動を起こすか否かを判断するため、各メンバーの琴線に触れるような本音で分かり合うことが必要です。例えば、日本全体の電力事情を考えると節電の必要性は納得できるが、夏場や冬場に自宅でエアコンを使用しない訳にはゆかない、といったようなことです。

❖ リーダーシップは全員が発揮すべきスキル

　こうしてみると、リーダーシップとは、相反することに対して二者択一ではなく、双方の折り合いをつけながらより良い方向へ導いてゆくためのスキルといえそうです。まさに、リーダーシップとはマネジメントそのものともいえそうです。リーダーシップやマネジメントという言葉を聞くと、それはマネージャーという立場の人たちに求められるものと考えてしまう人がいるかも知れませんが、それは間違った考え方です。リーダーシップは、問題解決活動を実践するうえで、メンバーの一人ひとりが自分の持ち味を活かしながら、より良いグループワークを実現するために発揮すべきスキルなのです。

❖ リーダーシップの発揮

　それでは、このようなリーダーシップを発揮するために取り組むべきことについて、ビジョンの実現へ向けて必要な機能と、身につけておくべき5つの要素という観点から考えてみましょう（**図表7.7**）。
　ビジョンの実現へ向けて必要な機能としては、①旗振り機能、②盛上げ機能、③仕掛け機能の3つの機能があります。
　旗振り機能とは、ビジョンを想像してメンバーと共有したうえで、経営トップの方針をビジョンと整合する形で組織としての方針へと展開し、目標を設定してメンバーとの共有をとおして実行計画を立案することで、メンバーの参画

第7章　より良いグループワークを実践する

図表7.7 リーダーシップの機能と源泉になるもの

```
┌─────────────────────────────────────────────────┐
│     リーダーシップを発揮するために取り組むべきこと     │
└─────────────────────────────────────────────────┘
```

ビジョンの実現へ向けて必要な機能

① 旗振り機能
- ビジョンの明示と共有
- トップ方針の展開とグループ方針の明示
- グループ目標の設定と共有化
- 実行のためのプラニング

② 盛上げ機能
- チーム内コミュニケーション
- 部下の指導・育成
- 部門間折衝・調整・協力要請
- 目標達成へのPDCA
- 問題解決の叡智を集める

③ 仕掛け機能
- 上位者や他部門への提案・提言
- 他部門への調整や協力要請
- 意思疎通のためのミーティング
- アクションプランの立案と軌道修正

身につけておくべき要素

① 専門性
影響力を発揮するための専門的基盤

② 人間性
信頼関係を構築するための人間的魅力

③ 返報性
報いたいと感じてもらえる心理の醸成

④ 一貫性
人を巻き込むための首尾一貫した態度

⑤ 厳格性
人への模範となる自分に対する厳しさ

→ どれか一つでも人から認められてくるとリーダーシップを発揮し得る状態になる

意識を高めてゆくことです。

　盛上げ機能とは、チーム内でのコミュニケーションを通じて部下への指導や育成を行うとともに、活動上で必要な部門間での調整や折衝や協力要請を行いながら、目標達成へ向けてPDCAサイクルを回すことで、問題解決のための叡智を集めてゆくことです。

　仕掛け機能とは、上位者ならびに他部門への提案や提言を通じて部門間での調整や協力要請を行い、意志の疎通を高めるミーティングを通じて実現性の高いアクションプランを立案および軌道修正してゆくことです。

　このような機能を発揮するためには、強い思いをもって想像した明確なビジョンと、それを実現するための強い意志をもっていなければなりません。そし

て、メンバーのモチベーションを高めるためには、自分のモチベーションがまずは非常に高いレベルに高まっていることが必要です。

❖リーダーシップを発揮するために身につけておくべき要素

　リーダーシップを発揮するために身につけておくべき要素としては、①専門性、②人間性、③返報性、④一貫性、⑤厳格性の５つの要素があります。

　専門性とは、影響力を発揮するための専門的基盤のことで、人より秀でた得意分野や専門分野をもつことで、この方面で周囲の人から一目置かれる存在となることです。

　人間性とは、信頼関係を構築するための人間的魅力のことですが、人からの期待に対して常に誠意をもって確実に応えてゆくことで、周囲の人から信頼される存在となることです。

　返報性とは、報いたいと感じてもらえる心理的な基盤のことですが、人への支援や協力を惜しまない態度をとり続けることで、周囲の人からこの人のためなら一肌脱ぎたいと思ってもらえる存在となることです。

　一貫性とは、人を巻き込むための首尾一貫した態度のことですが、リーダーシップを発揮するためには自分としての基軸をしっかりもつことで、周囲の人から言動がブレないと信じてもらえる存在となることです。

　厳格性とは、人への模範となる自分に対する厳しさのことですが、リーダーシップを発揮するためにはやるべきことに対して規律正しく常に率先垂範で取り組むことで、周囲の人から言行が一致していて裏表がないと思ってもらえる存在となることです。

　しかし、このような５つの要素のすべてを、いきなり一人の人間が兼ね備えることは至難の業だと思います。手始めとして、これらの要素の中から今の自分として最も取り組みやすい要素を一つ取り上げて、それを身につけるために取り組んでみてください。５つの要素の中の一つが周囲から認められるようになってくるだけでも、リーダーシップを発揮できるようになります。さらに、こうしてリーダーシップを徐々に発揮してゆくことで、他の要素が誘発されて

次第に身についてくるようになります。とにかく、自分が取り組みやすいところから、まずは実践してみると良いでしょう。

7.3　想像力を発揮する

❖想像力とは

　グループワークを実践する目的は、集まったメンバーが各々の知恵を出し合いながら、それらの知恵を融合させてゆくことで、より高いレベルの知恵を生み出してゆくことです。問題解決活動を職場で実践するためには知恵を生み出す力、いわゆる想像力が必要となります。想像力は一人でも発揮することができますが、良きコミュニケーションと良きリーダーシップにもとづく良きグループワークを通じて、メンバーの知恵が良い形で結集されると、非常に高いレベルで発揮できるようになります。

　想像力とは、物事に関する全体としての関連性を分かろうとする能力をいいますが、ここでポイントとなるのは「分かる」ということです（**図表7.8**）。この分かるということは「分ける」ことを意味しており、これ以上できないレベルにまで物事を分解することを意味しています。このことから、想像するということは物事を分解して全体像が分かるように再構築する考え方ということになります。そして、このような考え方を実践するためには、①帰納法的な考え方、すなわち事実に立脚した考え方と、②演繹法的な考え方、すなわち推論に立脚した考え方の2通りの考え方が必要となります。

❖事実と推論の繰返しによるアプローチ

　帰納法的な考え方とは、個々の事柄の中から共通もしくは特徴となる点を見出して、これらを総合的に検討することで、一般的な原理や法則を導き出すための考え方です。この考え方には、データ分析にもとづく層別や分類が主体となった、いわゆる左脳の思考が必要となります。帰納法的な考え方の具体的な

7.3 想像力を発揮する

図表7.8 想像力を触発するアプローチ

```
想像力とは、
「物事に関する全体としての関連性（像）を分かろう（想）とする能力（力）」
分かるとは分けるを意味し、これ以上できないレベルにまで分解にすること
                    ↓
想像するということは物事を分解して全体像が分かるように再構築する考え方
```

帰納法的な考え方（事実ベース）

個々の事柄の中から共通点や特徴を見出し、これらを総合的に検討することによって一般的な原理や法則を導き出すこと（左脳の思考）

↓

データ分析にもとづく層別や分類

演繹法的な考え方（推論ベース）

一般的に既知または公知となっている原理や法則にもとづいて、未知の事柄を経験に拠らずに必然的もしくは論理的な結論として導き出すために推論すること（右脳の思考）

↓

仮説立案にもとづくデータ検証

← 事実と推論の繰返しによるアプローチ →

　例としては、改善ストーリーにおける現状分析があります。現状データの層別や分析を通じて認識された事実をもとにして、それらの関連性や全体像をイメージしてゆくという取組みは、帰納法的な考え方そのものです。

　演繹法的な考え方とは、一般的に既知または公知となっている原理や原則にもとづいて、未知の事柄を必然的もしくは論理的な結論として推論して導き出すための考え方です。この考え方には、事実認識にもとづく仮説の立案が主体となった、いわゆる右脳の思考を主体とした考え方が必要となります。演繹法的な考え方の具体例としては、数学の証明問題があります。既に認知されている公理や定理にもとづいて新たな関係性をイメージしてゆくという取組みは、演繹法的な考え方そのものです。

　問題解決においては、この事実ベースと推論ベースの双方の考え方が必要で

あり、これらの考え方を必要に応じて適宜使い分けることによって、徐々に本質に迫ってゆくというアプローチをとります。現状分析では現場から収集した現状データにもとづく現状把握を、帰納法的な考え方にもとづいて実施します。一方で、あるべき姿の想像では環境与件から認識した事実にもとづく仮説の立案を、演繹法的な考え方にもとづいて実施します。このようなことから、問題解決は右脳と左脳の全脳を活用した取組みであることが分かります。

❖グループ討議の進め方

グループワークはメンバーの想像力を高めることを目的にして実施しますが、ここでは、想像力を誘発するグループ討議の進め方について説明します(**図表7.9**)。想像力を誘発するグループ討議は、メンバーからの意見の出し方と、出した意見のまとめ方がポイントになります。すなわち、①メンバーから多くの意見を引き出すこと、②出された意見を上手にまとめることの２点がポイントになります。

❖ブレーンストーミング

まずは、メンバーから多くの意見を出してもらうことですが、一般的で手軽なやり方としてブレーンストーミングという方法があります。この方法は、とにかくたくさんの意見を引き出したい時にとても有効な方法です。進め方のルールは、自由奔放、批判禁止、相乗り歓迎といたって単純明快です。自由奔放とは、思いついた意見はどんなことでも出すことです。

とはいっても、会議が始まってからではなかなか意見が出難くなってしまうので、会議の前の事前準備としてポストイットなどに意見を書き出してもらっておくと、会議で意見が出やすくなります。批判禁止とは、出された意見に対しては絶対に批判や批評をしないことです。しかし、議論が次第に白熱してくると、人の意見に対して批判や批評を加えたくなるものなので、特に注意が必要です。相乗り歓迎とは、人の意見に便乗して意見を出すことです。とはいっても、人の意見に便乗するよりは、自分としてのオリジナル性が高い意見を出

7.3 想像力を発揮する

図表 7.9　想像力を誘発するグループ討議の進め方

```
                想像的なグループ討議の進め方
                ┌──────────────┴──────────────┐
      メンバーからの意見の引き出し方              出された意見のまとめ方
```

【ブレーンストーミング】
　メンバー全員からとにかくたくさんの意見を引き出す時の進め方です。
　進め方のルールは3つあります。
① 自由奔放
　⇒ 思いついた意見を何でも出す
② 批判禁止
　⇒ 出された意見を批判しない
③ 相乗り歓迎
　⇒ 人の意見に便乗して意見を出す
　ポストイットなどに事前に意見を書出しておいて、1件ずつ順々に発表してゆくようにすると意見が出やすくなります。

【KJ法（親和図法）】
　ブレーンストーミングなどで出し合った多くの意見をまとめる時の進め方です。
① 意見の集約
　⇒ 似た意見を集めて集団をつくる
② 集団ラベルの作成
　⇒ 各集団に相応しい表現を使う
③ 各集団内での意見関連性の明確化
　⇒ 各集団内の各意見を関連づける
④ 集団関連性の明確化
　⇒ 各集団の内容を見て関連づける
　必要に応じてQC手法である連関図や特性要因図を使うと分りやすくなります。

そうとする傾向になりやすいので、便乗を誘発する呼び掛けが必要です。

❖ KJ法（親和図法）

　次は、出された意見を上手にまとめることですが、これにはKJ法という有名な方法があります。この方法は新QC七つ道具の親和図法です。KJ法は、多くの意見を似た物同士の集団に分類する時に有効な方法で、意見の集約、集団ラベルの作成、各集団内での意見関連性の明確化、集団関連性の明確化という進め方で行います。

　意見の集約とは、同じような内容の意見を集めて集団をつくることです。集団ラベルの作成とは、各集団ごとに集められた意見に相応しい名称を設定する

ことです。各集団内での意見関連性の明確化とは、各集団内に集められた意見を関連づけることです。集団関連性の明確化とは、各集団に設定された名称を踏まえて各集団を関連づけることです。この結果は、連関図や系統図としても表現できるとともに、もし各集団内および各集団の関連性がなぜなぜで関連づけられていれば、特性要因図としても表現することもできます。このようにして、メンバーから出された多くの意見を整理して、その全体像を一目瞭然に見える化することができます。

❖想像的なコンセンサスを得る

最後に、グループワークの目的である、想像的なコンセンサスを得るための留意点について説明します(図表7.10)。各メンバーが一生懸命アイデアを出しながら討議を重ねてきたにもかかわらず、メンバー全員が納得した形の結論

図表7.10 想像的なコンセンサスを得るための留意点

1. 納得ができるまで十分に話し合うことが大切であり、もし自分の意見を変える場合には自分にも他のメンバーにもその理由が明らかであることが必要

2. 自分の判断に固執し、他に勝つための論争(あげつらい)は避ける

3. 決定をする時に、多数決とか、平均値を出してみるとか、または取引きをするといったような「葛藤をなくす方法」は避け、また、結論を急ぐあまり、あるいは葛藤を避けるために安易な妥協はしない

4. 少数意見は集団決定の妨げとみなすより、考え方の幅を広げてくれるものとして尊重することが大切

5. 論理的に考えることは大切だが、それぞれのメンバーの感情やグループの動きにも十分に配慮する

に至らなければ、コンセンサスが得られたとはいえません。メンバー全員のコンセンサスを得るためには、各自が納得できるまで話し合う、議論に勝つための論争をしない、結論を急ぐために安易な妥協をしない、少数意見を尊重する、メンバーの感情に配慮する、といったことがポイントになります。

問題解決活動を職場でうまく実践するためには、より良いコミュニケーションとより良いリーダーシップにもとづいた、より良いグループワークが必要不可欠です。職場全体でより良いグループワークを実践してください。

7.4 知恵を伝承する

❖知恵の伝承のメカニズム

グループワークを通じてメンバーの知恵が良い形で結集されると、非常に高いレベルで想像力を発揮できるようになります。ここでは、お互いの知恵を伝承するということについて考えてみたいと思います(図表7.11)。

まずは、知恵を伝承しようとしている自分と、その知恵を受け止めようとしている相手がいるとします。知恵は自分の頭の中に相手に見えない形の暗黙知として形成されていますが、これを相手に見える形の形式知として表現することで、自分の知恵を相手に伝承することができるようになります。すると、形式知として知恵を伝承された相手は、その知恵を暗黙知の中に組み込むことで、知恵を膨らませることができます。すると、相手は今度は知恵を形式知として自分に返してきます。この結果、知恵を伝承された自分は、暗黙知の中に組み込むことで、知恵を膨らませることができます。そして、更に自分の知恵を相手に見える形の形式知として表現することで、再び、相手に伝承することができるようになります。

❖知恵のスパイラルアップ

このようなことを、自分と相手がお互いに繰り返してゆくことで、お互いの

第 7 章　より良いグループワークを実践する

図表 7.11　知恵の伝承のメカニズム

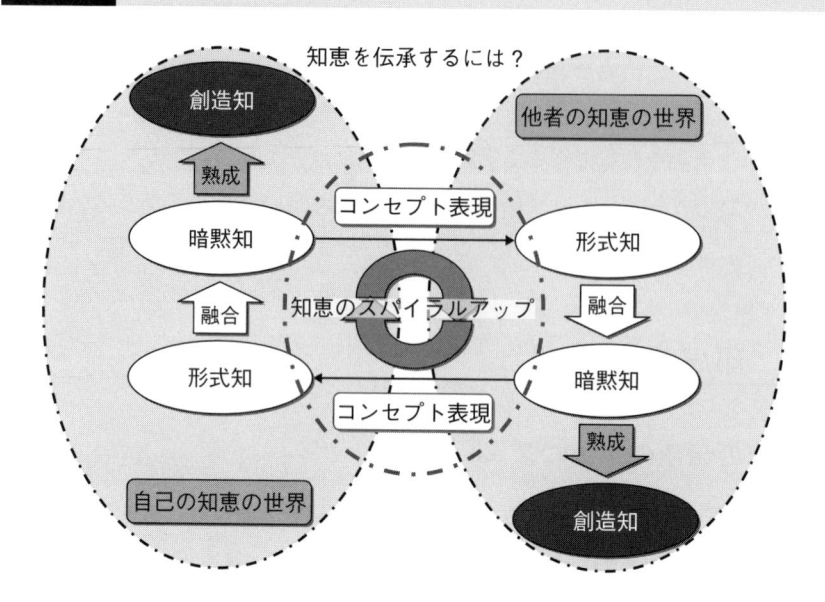

知恵を徐々に膨らませてスパイラルアップしてゆくことができるようになります。このようにして、お互いの創造知を徐々に高めてゆくことができます。

　これが知恵の伝承のメカニズムですが、この知恵の伝承を行うための主要な場がグループワークなのです。また、この知恵のスパイラルアップをより加速するためには、暗黙知を適確に形式知として表現することがポイントになります。このように考えると、グループワークはお互いの知恵を高めるための有効な場になるので、知恵が豊富な人を交えて積極的に実践してゆくことが必要です。

7.5 関係者の利き脳に配慮する

❖利き脳について

ここでは利き脳という耳慣れない言葉について説明します(**図表7.12**)。これに似た話として、右利きや左利きといった利き腕があります。利き腕とは、右腕ならうまくボールが投げられるが、左腕ではうまくボールが投げられないなど、実生活で実感している現象です。実は、これと同じような現象が頭の中の脳においても起きているというのです。脳は有名な右脳と左脳だけでなく、前脳(大脳新皮質)と後脳(辺縁系)にも分けられることから、全部で4つの領域か

図表7.12 利き脳の構造

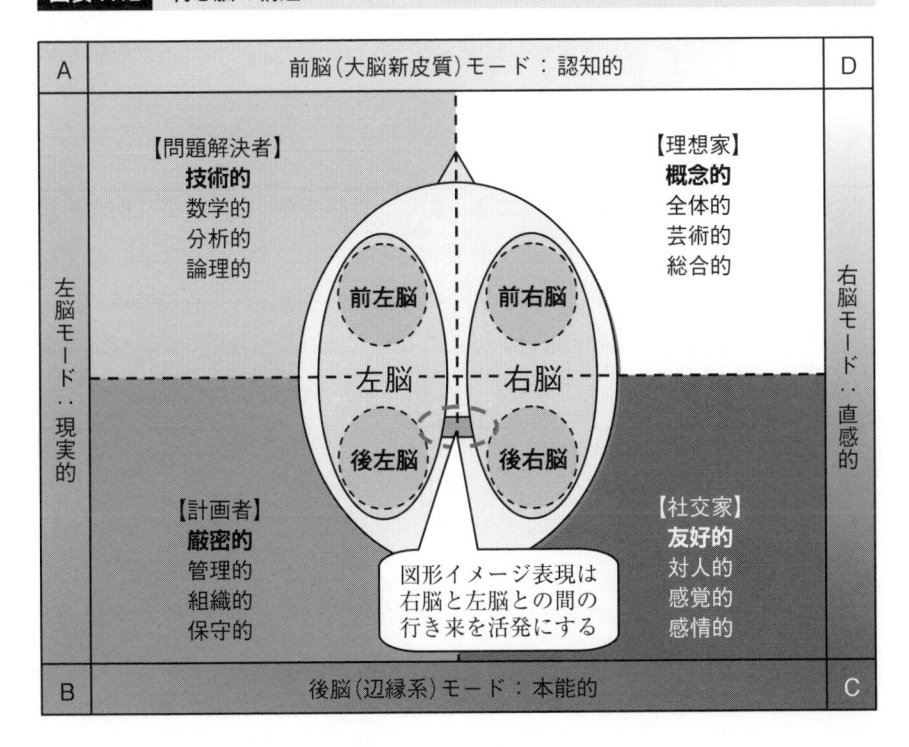

	前脳(大脳新皮質)モード：認知的	
A	【問題解決者】 **技術的** 数学的 分析的 論理的　　前左脳　前右脳 　　　　　左脳　　右脳 　　　　　後左脳　後右脳 【計画者】 **厳密的** 管理的 組織的　　図形イメージ表現は 保守的　　右脳と左脳との間の 　　　　　行き来を活発にする	【理想家】 **概念的** 全体的 芸術的 総合的 【社交家】 **友好的** 対人的 感覚的 感情的
左脳モード：現実的		右脳モード：直感的
B	後脳(辺縁系)モード：本能的	C

（左欄：左脳モード：現実的／右欄：右脳モード：直感的／下部：D, C）

ら成り立っていると考えられるそうです。これはハーマンモデルとよばれる考え方で、脳は、**図表7.12**のA領域、B領域、C領域、D領域の4つの領域で構成されていて、人によって活性化している領域が異なるそうです。

　A領域が活性化している人は問題解決者肌で、技術的、数学的、分析的、論理的といった指向性が強いそうです。B領域が活性化している人は計画者肌で、厳密的、管理的、組織的、保守的といった指向性が強いそうです。C領域が活性化している人は社交家肌で、友好的、対人的、感覚的、感情的といった指向性が強いそうです。D領域が活性化している人は理想家肌で、概念的、全体的、芸術的、総合的といった指向性が強いそうです。そして、世の中の人はこの各領域に等しく分布していることが調査によって判明しているそうです。すなわち、世の中には各々異なった考え方をする4種類の人種がほぼ等しく存在しており、自分はその中の何れかの領域に属している一人である、ということです。

❖利き脳の特徴

　この4種類の人種の考え方を、ビルの建設を例にして説明します。ある地域にビルを建設するための会議が開かれています。A領域に属する問題解決者肌の人が、「ビルを建設するためには、まずは耐震強度や内部構造に関する設計から始めなければならない」という発言をしました。これに対して、B領域に属する計画者肌の人が、「ビルの建設のような大事業に取り組むには、何事も計画をつくることから始めなければならない」という発言をしました。これに対して、C領域に属する社交家肌の人が、「ビルの建設はわれわれだけで取り組むことができないので、巻き込む業者を決めることから始めなければならない」という発言をしました。D領域に属する理想家肌の人が、「ビルを建設するにはイメージが大事なので、ビルのデザインから始めなければならない」という発言をしました。

　このように、各々の人が発言している内容はばらばらですが、ビルを建設するためにはどれも必要なことばかりです。なぜ、このようなことになるのでしょうか。実は、これが利き脳による影響なのです。お互いに脳が活性化してい

る領域が異なることによって、各人が第一優先で考えること、すなわち価値観が異なっているのです。このままでは、お互いの価値観を主張し合って会議が終わってしまいそうですが、このような光景は通常の会議の中でもよく見受けられます。このような時は、どうしたら良いのでしょうか。

❖ 利き脳を尊重する

　お互いが自分の価値観で発言することは必要ですが、自分と異なる価値観で発言する人の発言内容を、「それは違う」と言ってバッサリと否定しないことです。自分と異なる価値観で発言する人には、自分が価値観をもっていない、すなわち、自分が見えていないことが見えているのだ、と考えるべきなのです。そして、自分の価値観を一度脇に置いて、その人の発言を受け止めてみるのです。長い間の人生を通じて培ってきた大切な価値観なので、そう簡単に脇に置くことができないかも知れませんが、それでも受け止める努力をするのです。自分に不足しているものの見方を、他の人たちを利用して補ってしまうのです。このスキルが身につくと、もう怖いものはありません。他の人たちが自分の至らない領域を補ってくれるようになるので、極端な言い方をすれば、仕事に関係者を巻き込むことが楽しくなります。

　会議などの場で自分の考えを提案すると、会議の出席者から様々な意見が出されることがあります。提案する内容は自分の価値観にもとづいて検討されたものですが、提案を聞いている参加者の中には自分と異なる価値観をもった人たちが大勢いるので、多数の意見が出るのは当たり前です。しかし、提案の検討段階で異なる価値観をもった人たちを巻き込んでおけば、そして、その人たちの意見を素直に受け止めることができれば、提案の場で参加者から出てくる意見の数を大幅に減らすことができます。自分と異なる価値観をもっている人たちとかかわってゆくことは大変なことかも知れませんが、このような人たちとのかかわりが少ないことのツケは、後になって必ず回ってくるのです。失敗が許されないような重要な会議の場でツケが回ってこないように、できるだけ前段階でツケを払うようにしましょう。

❖利き脳の鍛え方

利き脳で価値観が左右されてしまうことは避けては通れないことですが、利き脳以外の領域を鍛えるように努力をすることは可能です(**図表7.13**)。A領域を鍛えるには、技術的問題を分析・解析したり、ロジカルに意思決定をしたりといったような、問題解決活動に取り組むことです。B領域を鍛えるには、ファイルや机の上を整理整頓したり、時間通りに行動したりといったような、きちんとした生活習慣に取り組むことです。C領域を鍛えるには、コミュニケーションに注意したり、他の人を自発的に手助けしたりといったような、人付き合いに取り組むことです。D領域を鍛えるには、10年後の姿を考えたり、突拍子もないアイデアを考えたりといったような、現状から離れる考え方に取り組むことです。このような取組みを通じて利き脳以外の領域が活性化してくると、利き脳の影響を弱められるとともに、他の領域の価値観が受け止めやすくなってきます。

図表7.13 利き脳の鍛え方

A領域(前左脳)を鍛えるメニュー	D領域(前右脳)を鍛えるメニュー
・技術的問題を分析・解析する ・コンピュータ・プログラムを習う ・業務目標を明確に定義する ・ロジカルに意思決定を行う ・統計分析を行う	・10年後の姿を考える ・メモや文書にイラストを付ける ・身の回りを装飾する ・突拍子もないアイデアを考える ・直感にもとづいて意思決定を行う

B領域(後左脳)を鍛えるメニュー	C領域(後右脳)を鍛えるメニュー
・ファイルや机の上を整理整頓する ・毎日の活動を日誌に記入する ・業務計画を詳細に作成して実行する ・時間通りに行動する ・職務記述書を詳細に作成する	・コミュニケーションに注意する ・他の社員を自発的に認める ・自ら楽しんで他の人を動機づける ・他の人を自発的に手助けする ・リラックスして友好的に振る舞う

あとがき

　本書では、これまで総合実務能力としての問題解決力について述べてきました。問題解決に関する手法や考え方の紹介や使い方の説明といった視点だけでなく、現場実務で実践して成果を出すための仕事の進め方といった視点に重きを置いて説明してきました。さらに、問題解決の手法や考え方を現場実務で役立てるために必要不可欠なものとして、コミュニケーションやリーダーシップをはじめとした様々な要素を取り上げてきました。問題解決を突き詰めて考えてゆくと、実は仕事の進め方そのものであることが分かってきます。お客様の視点から始まり、何が問題であるのかに気づき、その問題を克服するために解決すべき課題を設定し、その課題を実際に解決してゆくことで成果を得る。これは職種に関係なく企業で働くすべての人に求められることで、まさに仕事の基本なのです。

　ところで、このような問題解決力を育成するための教育カリキュラムは数多く存在しますが、いくら教育を実施しても、教育したことが実務で十分に役立てられていないことが意外と見受けられます。このようなことは、教育内容が単に知識の習得レベルに留まってしまっている場合によくみられます。問題解決の手法や考え方が知識としていくら分かっていても、現場実務の中でそれらを効果的に活用し、得られた結果を関係者と共有しながら実際の問題解決に取り組んでゆけるようになるには、学んだことを実務で実践する努力が必要なのです。特に問題解決においては、この努力なくして実務には役立ちにくいのです。

　本書で学んだ、問題解決フレームワーク、ロジックツリー、問題解決ヒストリーといったものを、知識で終わらせずに実際に活用してください。例えば、問題解決フレームワークを使って業務戦略や年度方針を立案したり、ロジック

あとがき

ツリーを使って重点施策を展開したり、問題解決ヒストリーを使って業務をレビューしたり、というような実践の努力をすることが必要なのです。視点を変えれば、自己成長への取組みなどにも応用できます。問題解決フレームワークの「あるべき姿」に自分が目指す人材像をイメージとして描き、それに対する現在の自分を「現状」に描くことで、両者のギャップとして自己成長へ向けた問題を明確にすることができます。そして、その両者のギャップを埋めるための取組みをロジックツリーで展開し、結果としての自己成長の過程を改善ヒストリーで整理する、というようなことは個人としても比較的容易に取り組めることだと思います。

　はじめはうまく活用できなくても、このように活用する努力を重ねてゆくことで、次第にうまく活用できるようになってきます。はじめはうまく乗れなかった自転車に、やがてうまく乗れるように努力を重ねると次第に上達してくるのと同じです。その結果として仕事の基本が身についてくるのです。

■ストロー橋製作実習

　仕事の基本という視点で問題解決力を育成するためには、得られた知識を現場実務の模擬環境、もしくは現場環境そのものの中で実践してゆく実習を合わせて実施してゆくことが効果的です。本書では紹介できませんでしたが、その一例として技術者向けに「ストロー橋製作」という実習を企画立案し、実際に実施しています。この研修は、『日経ものづくり』(2009年7月号)で詳しく取り上げられており、㈱富士ゼロックス総合教育研究所の研修プログラムとして一般に提供できるようになっています。また、岡山大学教育学部附属中学校の技術家庭の授業にも取り入れられています。

　「ストロー橋製作」実習とは、その名のとおり、ジュースなどを飲むために使われるごく普通のストローを使って橋を製作するものです。問題解決力を駆使することで、既定された大きさで、より軽く、より強く、より美しく、といった要素を満足する橋を、グループワークを通じてつくり上げてゆく実習です。この実習を通じて、問題解決の手法や考え方を現場実務で活用するためのスキ

ルや、現場の問題に立ち向かうためのマインドや、問題解決活動を現場実務で実践するための実務能力を、受講者は問題解決教育の集大成として学びとるのです。

実習の大まかな進め方は、次のとおりです。

　　ステップⅠ　⇒　実現すべきストロー橋のあるべき姿を想像
　　ステップⅡ　⇒　ストロー橋の企画〜設計〜生産までのプロセスを2回実践
　　ステップⅢ　⇒　取り組んだ2回の実践結果を改善報告書にまとめて共有化

この各ステップを通じてストロー橋の製作に取り組むことで、問題解決に関する手法や考え方の活用を体験してゆきます。特に、企画〜設計〜生産プロセスの疑似体験をとおして、教室の中で学習してきた問題解決の手法や考え方を、現在進行形で進捗している現場業務の中でリアルタイムに活用してゆく難しさを実感できます。

その一方で、どうしたらリアルタイムに活用してゆくことができるのかを考えることで、教室の中で学習してきた問題解決の手法や考え方を現場業務の中で効果的に活用してゆくための、実践の勘所を得ることができます。しかも、企画〜設計〜生産のプロセスを3日ほどの研修期間中に2回体験できることから、つくり方のことをよく考えて設計しないと生産に大きな迷惑がかかることや、生産で精度良くものをつくらないと設計が意図した性能が発揮できないといった広い視野での問題認識を非常に短期間のうちに体験できます（図表A.1、図表A.2）。

このように、知識を提供する教育だけでなく、得た知識を現場実務を意識した教育環境の中で体験的に実践するための実習を併せて実施することで、問題解決に関する教育効果が高まり、現場で役に立つ教育が提供できるようになります。本書では技術者向けの「ストロー橋製作」実習の概要を紹介しましたが、問題解決力を育成するには教育実施後の現場実践が大切であり、この現場実践を繰り返し取り組んでゆくことで、仕事の基本としての問題解決力がやがて身

あとがき

図表 A.1　ストロー橋作品例

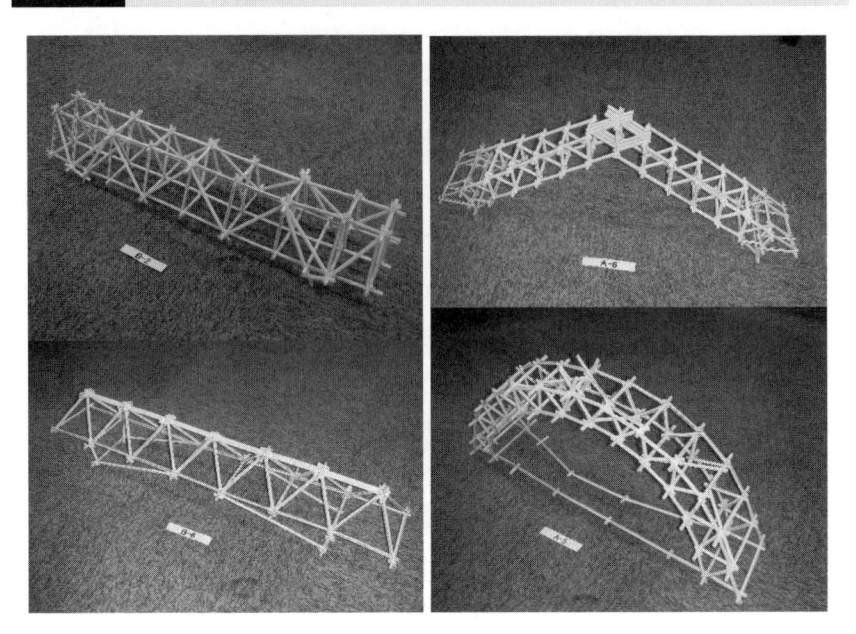

についてくることを肝に銘じてください。

■研修受講者の声

　ここで、研修を通じて本書で説明した内容を勉強した人たちの主な感想を紹介します。

【管理職受講者の感想】
- 問題解決が「手法の活用」ではなく「考え方」であり、問題解決フレームワークを基にして語るとコミュニケーションがとりやすくなる。
- 正しいプロセスで問題に取り組む必要性を改めて感じた。
- 問題解決フレームワークは実業務ですぐ役立つ考え方で、特にあるべき

姿の共有が必要と痛感した。
- 問題解決の考え方は部下を指導する上での拠り所になる。
- 改善ヒストリーで説明してもらうと活動全体の経緯がとてもよく分かる。

【一般職受講者の感想】
- とにかく"やってみる"ことが大事だと実感しており、道具として使いこなすことができるように繰り返し"やってみる"ことにチャレンジしたい。
- 日頃あまり考えることがなかったが、問題解決フレームワークであるべき姿を考えることが大切であると認識した。
- 特性要因図で洗い出した要因をしっかり検証し、原因を見極めた上で対策を検討することが重要であることが分かった。
- 改善ヒストリーをベースにして検討することで、参加メンバーからの理解と共感を論理的かつ効率・効果的に得ることができた。
- 本研修で学んだことを1人だけの活動ではなく、チーム活動として継続していければと感じています。

■謝辞

　本書の出版に際して、これまで問題解決研修プログラムの企画・立案・実施にご協力いただいた問題解決研修担当の方々に感謝申し上げます。また、執筆にあたり参考文献に挙げた以外にも様々な文献や資料を参考にさせていただきました。最後に、本書執筆の後押しをしていただいた富士ゼロックス総合教育研究所の方々に、厚く感謝の意を表します。

あとがき

図表 A.2　ストロー橋設計企画検討書の例

ストロー橋製作実習

部品／部位	故障モード	原因	システムへの影響
ストロー（作用点）	折れ	上弦が弱くかつ各作用点の上部接続点が弱い	接続点が分裂する・トラスが引っ張られる
ストロー（上部接続点）	分裂	接続方法（ひもで結んだため取れやすくなった、穴が多く過ぎて取れやすくなった、橋渡しが短すぎた、たわみを考慮して接続点を設けない）	倒壊
ストロー（下部接続点）	分裂	接続方法（ひもで結んだため取れやすくなった、穴が多く過ぎて取れやすくなった、橋渡しが短すぎた、たわみを考慮して接続点を設けない）	倒壊
ストロー（上弦）	折れ	接続方法（噛みあわせが悪くゆるみが発生）	倒壊
ストロー（下弦）	折れ	強度が弱い 接続方法	倒壊
ストロー（トラス）	座屈	ストローが長いトラスの二等辺三角形の底辺の角度が浅い	作用点が引っ張られる・下弦中央が横に引っ張られる・中点が引っ張られる・接続点が分裂
ストロー（橋渡し）	分裂 折れ	ねじれによる分裂	転倒 倒壊
ストロー（支点）	折れ	過負荷がかかる	落下

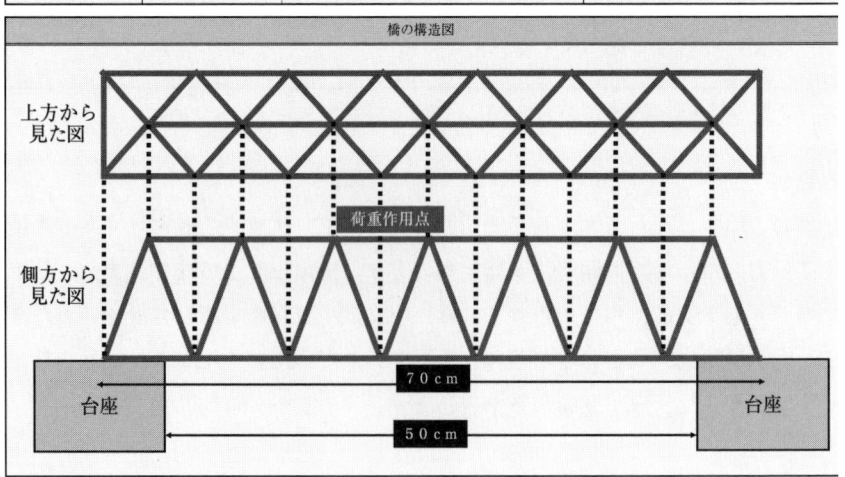

橋の構造図

上方から見た図

荷重作用点

側方から見た図

70cm

50cm

台座　　台座

あとがき

設計企画検討シート

故障の重大性	発生の可能性	致命度	設計改善内容
原型を保てない破損	恐らく発生する	絶対に設計改善する	杭を打つ。重ねる。
原型を保てない破損	恐らく発生する	絶対に設計改善する	杭を打つ。たこ足を入れる際に、折り曲げてから入れる。
自己復元できない変形	多分発生する	できれば設計改善する	たわみを考慮し、接続点の位置を中心部は下弦の下にする。
自己復元できない変形	多分発生する	できれば設計改善する	上弦を二本軸にする。
自己復元できない変形	多分発生する	できれば設計改善する	杭を打つ。重ねる。
自己復元できる変形	恐らく発生しない	設計改善の必要なし	ストローを短くする。
自己復元できる変形	恐らく発生する	設計改善の必要なし	杭を打つ。抜け落ちないようにストッパーを付ける。
原型を保てない破損	多分発生する	絶対に設計改善する	支点を増やす。向きを変えて抵抗力を上げる。

構造部材（ストロー）使用量			製作時の注意点
長さ	色	本数	
下弦13cm	青	14（うち4本はジャバラつき）	
上弦12cm	緑	12	
橋渡し13cm	赤	6	
トラス15cm	黄	28	
強化材（適宜）	緑	10	

参 考 文 献

齋藤孝『アイデアを10倍生む考える力』大和書房、2006年
野村るり子『面白いほど身につく論理力のドリルブック』中経出版、2005年
大前研一『考える技術』講談社、2004年
福島文二郎『9割がバイトでも最高のスタッフに育つディズニーの教え方』中経出版、2010年
遠藤功『現場力を鍛える「強い現場」をつくる7つの条件』東洋経済新報社、2004年
藤巻幸夫『特別講義コミュニケーション学』実業之日本社、2010年
細谷功『地頭力を鍛える問題解決に活かす「フェルミ推定」』東洋経済新報社、2007年
白潟敏朗『仕事の5力』中経出版、2008年
朝倉匠子『自分力の鍛え方』ソーテック社、2006年
萩原正英『上手な問題解決の方法が面白いほどわかる本』中経出版、2007年
佐藤允一『新版 図解・問題解決入門』ダイヤモンド社、2003年
渡辺健介『世界一やさしい問題解決の授業』ダイヤモンド社、2007年
西村克己『戦略思考トレーニング』PHP研究所、2002年
柴田昌治『なぜ会社は変われないのか』日本経済新聞出版社、2003年
ネッド・ハーマン著、高梨智弘訳『ハーマンモデル』東洋経済新報社、2000年
神永正博『不透明な時代を見抜く「統計思考力」』ディスカヴァー・トゥエンティワン、2009年
ジーン・ゼラズニー著、数江 良一・管野 誠二・大崎 朋子訳『マッキンゼー流図解の技術』東洋経済新報社、2004年
P.F.ドラッカー著、上田惇生訳『マネジメント基本と原則』ダイヤモンド社、2001年
遠藤功『見える化 強い企業をつくる「見える」仕組み』東洋経済新報社、2005年
岩崎夏海『もし高校野球の女子マネージャーがドラッカーの『マネジメント』を読んだら』ダイヤモンド社、2009年
加古昭一『問題解決の手法が面白いほどわかる本』中経出版、1996年
佐藤允一『問題構造学入門』ダイヤモンド社、1984年
内田和成『論点思考』東洋経済新報社、2010年

参考文献

渡辺パコ『論理力を鍛えるトレーニングブック意思伝達編』かんき出版、2002年
西村克己『ロジカルシンキングが身につく入門テキスト』中経出版、2003年

索　引

[英数字]

4M2S　59
4P　59
Excelの機能　86, 88
KFS　65
KJ法　177
KKD　61
Machine　59
Man　59
Material　59
MECE　99
Method　59
Place　59
Price　59
Product　59
Promotion　59
QC七つ道具　125
Space　59
Standard　59
System　59

[ア　行]

あるべき姿　20, 27
　——起点型　38
　——の検討例　70
暗黙知　179
意識した問題解決　2

[カ　行]

改善ストーリー　150
改善報告書　146

　——の流れ　152
過去の問題　81
課題の設定　95
　——例　96
課題の分解　100
考える力　13
環境与件　64
　——認識シート　29, 64
　——の検討例　68
管理図　133
記憶する力　13
利き脳　181
　——の鍛え方　184
企業活動の変化　5
グラフ作成のポイント　138
グラフの活用方法　90
クリエイティブ型の問題解決　37
形式知　179
継続的改善　84
原因　115, 121
現在の問題　82
現状　20, 27
現状起点型　34
現状把握　85
コミュニケーション　160
　——の上手なとり方　160
　——の阻害要因　165
　——のポイント　166

[サ　行]

三現主義　17, 20
散布図　130

索　引

社員に求められる要件　8
将来の問題　83
親和図法　177
相関分析　123
総合実務能力　18
想像力　174
層別　56, 87, 134

[タ　行]

チェックシート　126
知恵の伝承のメカニズム　180
知的生産性　143
デカルト思考　74
特性要因図　115, 125
　　──の例　120
突発型　52

[ナ　行]

なぜなぜ展開チャート　119

[ハ　行]

ハーマンモデル　182
パレート図　132
ヒストグラム　128
人を動かす力　12
ブレークスルー思考　77
ブレーンストーミング　176
プレゼンのポイント　156
プロダクトアウト志向　4
変動型　52
ポジティブ・リスニング　163

[マ　行]

マーケットイン志向　4
慢性型　53

無意識な問題解決　2
メンテナンス型の問題解決　33
求められる能力　12
問題　21, 27
問題意識　43
問題解決　49
問題解決型　24
　　──の行動パターン　24
問題解決活動の効果　149
問題解決ストーリー　104, 106, 108
問題解決取組み時のポイント　51
問題解決のフレームワーク　19
問題解決ヒストリー　109
　　──の作成例　112
　　──のまとめ　110
問題解決フレームワーク　27, 72, 83
　　──検討シート　31
　　──の検討例　72, 73
問題解決プロセス　16
問題解決力　4, 18
問題感情　44
問題起点型　33
問題処理型　23
　　──の行動パターン　23
問題認識シート　28
問題の時系列的分類　81
問題の種類　42
問題発生の基本パターン　52

[ヤ　行]

良い子　56
要因　115, 121
要因検証　61
　　──の進め方　121

［ラ　行］

リーダーシップ　168, 173
労働生産性　143
ロジックツリー　97
　——の展開例　102, 103

［ワ　行］

悪い子　56

◆著者紹介

鈴木　洋司(すずき　ひろし)
1954年　生まれ
1976年　富士ゼロックス株式会社入社
　研究、開発、設計、評価、生産技術、品質管理、品質保証など、入社後一貫して技術職に従事しながら問題解決に関する知見を培い、人事部を経て現在は教育部に在籍。これまでの経歴を生かして、問題解決に関する教育プログラムや教材の企画開発、研修実施、研修トレーナー育成、全社教育推進に従事。

技術者の仕事の基本　問題解決力
本当の問題発見と問題解決がわかる

2012年5月22日　第1刷発行
2013年1月21日　第2刷発行

検印省略	著　者　鈴　木　洋　司 発行人　田　中　　健

発行所　株式会社　日科技連出版社
〒151-0051　東京都渋谷区千駄ケ谷5-4-2
　　　　電話　出版　03-5379-1244
　　　　　　　営業　03-5379-1238〜9
　　　　振替口座　東京　00170-1-7309

Printed in Japan

印刷・製本　中央美術研究所

© Hiroshi Suzuki 2012
ISBN 978-4-8171-9434-3

URL http://www.juse-p.co.jp/

　本書の全部または一部を無断で複写複製(コピー)することは、著作権法上での例外を除き、禁じられています。